ADMiS FONCTION PUBLIQUE

4e édition

Collectivités territoriales

Cours et QCM

Pierre-Brice Lebrun

Enseignant en droit, formateur dans différentes délégations du CNFPT, examinateur et correcteur pour plusieurs centres de gestion de la fonction publique territoriale

Vuibert

ISBN : 978-2-311-20332-5

Conception couverture : Atelier Didier Thimonier
Conception maquette : Bleu T
Composition : So'Graph

Sommaire

Partie 3 | L'État et l'intercommunalité

Partie 4 | Le département et la région

Partie 5 | Les élections

Partie 6 | La fonction publique et le service public

CONSEILS PRATIQUES

Cet ouvrage s'adresse à tous les candidats qui veulent passer et réussir un concours de catégorie C ou B comportant une ou plusieurs épreuves sur les collectivités territoriales.

1. Les connaissances

• Vous passez un concours dans la fonction publique territoriale, on attend donc de vous que vous sachiez comment s'organisent et fonctionnent les collectivités territoriales, qui seront vos futurs employeurs. Des questions portant sur l'environnement institutionnel vous seront posées aussi bien à l'écrit qu'à l'oral.

• Pour vous accompagner et être au plus près de vos besoins, cet ouvrage offre un double niveau de lecture : les termes en gras indiquent les connaissances à acquérir par les candidats des concours de catégorie C, ce qui correspond pour les candidats de catégorie B aux savoirs de base.

2. Les concours

Vous trouverez ci-dessous les épreuves des concours faisant appel à des notions de droit public et plus spécifiquement à des connaissances sur les collectivités territoriales, leur fonctionnement, leur organisation, leurs moyens humains et financiers.

CATÉGORIE C		
Agent territorial spécialisé des écoles maternelles (ATSEM)	• (Admission) *Entretien permettant d'apprécier l'aptitude du candidat et sa motivation à exercer les missions dévolues aux membres du cadre d'emplois ainsi que ses connaissances de l'environnement professionnel* (depuis mars 2011, il n'y a plus de questions portant sur les collectivités territoriales à l'écrit, mais, lors de l'oral, les candidats peuvent être interrogés sur leurs connaissances de celles-ci).	15 min – coefficient 2
Agent social	• (Admissibilité) *QCM portant sur des notions élémentaires relatives à l'organisation et au fonctionnement des collectivités locales, ainsi qu'à la compréhension de consignes élémentaires d'hygiène et de sécurité, dans le cadre de l'exercice des missions incombant aux membres du cadre d'emplois concerné.*	45 min – coefficient 1

	• (Admission) *Entretien permettant d'apprécier la motivation du candidat et son aptitude à exercer les missions incombant aux membres du cadre d'emplois concerné.*	15 min – coefficient 2
Adjoint administratif	• (Admission) *Entretien visant à évaluer l'aptitude du candidat et sa motivation à exercer les missions dévolues aux membres du cadre d'emplois, ainsi que ses connaissances de l'environnement professionnel dans lequel il sera appelé à exercer ses fonctions.* • (Épreuve facultative) *Interrogation orale portant sur le domaine choisi par le candidat au moment de son inscription : notions générales de droit public ou de finances publiques*	15 min – coefficient 3 Interrogation : 15 min – coefficient 1
Adjoint d'animation	• (Admissibilité) *À partir d'un dossier, trois à cinq questions de compréhension.* • (Admission) *Entretien permettant d'apprécier la motivation du candidat et son aptitude à exercer les missions incombant aux membres du cadre d'emplois concerné.*	1 h 30 – coefficient 2 15 min – coefficient 3
Gardien de police municipale	(Admission) *Entretien portant sur le fonctionnement des institutions publiques (organisation administrative de l'État et des collectivités territoriales : désignation et compétences des organes délibérants et exécutifs, organisation générale des services) et sur motivation.*	20 min – coefficient 2
Garde champêtre	(Admission) *Entretien avec jury portant sur le fonctionnement des institutions publiques (organisation administrative de l'État et des collectivités territoriales : désignation et compétences des organes délibérants et exécutifs, organisation générale des services) et sur motivation.*	20 min – coefficient 2
Auxiliaire de puériculture	(Admission) *Entretien permettant d'apprécier les capacités professionnelles du candidat, ses motivations et son aptitude à exercer les missions incombant aux membres du cadre d'emplois concerné* (l'épreuve de QCM a disparu en 2008, mais, lors de l'oral, les candidats seront interrogés sur leurs connaissances des collectivités territoriales).	15 min

Auxiliaire de soins	(Admission) *Entretien permettant d'apprécier les capacités professionnelles du candidat, ses motivations et son aptitude à exercer les missions incombant aux membres du cadre d'emplois concerné* (l'épreuve de QCM a disparu en 2008, mais, lors de l'oral, les candidats seront interrogés sur leurs connaissances des collectivités territoriales).	15 min
Opérateur territorial des activités physiques et sportives (OTAPS)	• (Admissibilité) *QCM (20 questions) relatif à la connaissance de la réglementation sportive, de l'organisation du sport dans les collectivités territoriales et de la sécurité dans les équipements sportifs.* • (Admission) *Entretien avec le jury sur les connaissances du candidat dans le domaine des activités physiques et sportives ainsi que sur sa motivation pour occuper un emploi d'OTAPS.*	30 min – coefficient 2 20 min – coefficient 2
CATÉGORIE B		
Rédacteur	• (Admissibilité externe) *Note de synthèse à partir d'un dossier portant sur des notions générales relatives aux missions, compétences et moyens d'action des collectivités territoriales.* • (Admissibilité interne) *Note administrative à partir d'un dossier portant sur l'un des domaines, au choix du candidat lors de son inscription : les finances, les budgets et l'intervention économique des collectivités territoriales ; le droit public en relation avec les missions des collectivités territoriales ; l'action sociale des collectivités territoriales ; le droit civil en relation avec les missions des collectivités territoriales.*	3 h – coefficient 1 3 h – coefficient 1
Chef de service de police municipale	(Admissibilité) *Questions de droit public, portant notamment sur le fonctionnement des collectivités locales et les pouvoirs de police du maire, et de droit pénal.*	2 h – coefficient 2
Animateur	(Admissibilité) *Questions sur l'organisation et le fonctionnement des collectivités territoriales.*	2 h – coefficient 1

PARTIE 1

La Constitution et la décentralisation

FICHE 1 LES COLLECTIVITÉS TERRITORIALES : INTRODUCTION

Il existe, en France, trois collectivités territoriales :
– le conseil régional administre la région ;
– le conseil départemental administre le département ;
– le conseil municipal administre la commune.

Les collectivités territoriales sont des **administrations décentralisées**. Chaque collectivité territoriale est dirigée par une **assemblée délibérante élue** : quand une assemblée délibérante élue prend des décisions, on dit qu'elle vote des délibérations.
Son élection lui donne sa légitimité : ses décisions sont légales, elles doivent être respectées, puisque ses membres ont été élus par les électeurs.
Les collectivités territoriales détiennent des compétences propres, qui leur sont attribuées par la loi. Leur autonomie administrative leur permet de disposer de leur propre personnel et de leur propre budget.

Remarque du formateur :
Les mots « conseils généraux », « conseiller général » et « conseillers généraux » sont remplacés « dans l'ensemble des dispositions législatives » (loi n° 2013-403 du 17 mai 2013, article 1) par les mots « conseils départementaux », « conseiller départemental » et « conseillers départementaux » : le conseil général devient donc le conseil départemental (CGCT, art. L3121-1), élu lors des élections départementales (les dernières ont eu lieu en mars 2015).

1. Présentation

• Les 1 758 **conseillers régionaux** et les 4 108 **conseillers départementaux** (deux par canton) sont élus lors des élections régionales et des élections désormais « départementales » : ils élisent ensuite leur président.

• **Les conseillers territoriaux.** La loi n° 2010-1563 du 16 décembre 2010 de réforme des collectivités territoriales prévoyait que 3 496 **conseillers territoriaux**, élus au scrutin uninominal majoritaire à deux tours, lors des élections territoriales, dans 3 496 cantons « élargis », c'est-à-dire redécoupés, devaient les remplacer à partir de mars 2014, et siéger à la fois au conseil général et au conseil régional. Suite aux élections présidentielles et législatives de 2012, la nouvelle majorité de gauche a décidé de revenir sur cette réforme, et l'élection des conseillers territoriaux a été abandonnée par la loi n° 2013-403 du 17 mai 2013 « relative à l'élection des conseillers départementaux, des conseillers municipaux et des conseillers communautaires, et modifiant le calendrier électoral » sans avoir jamais été appliquée.

Le redécoupage des **cantons français** a été défini par la loi du 17 mai 2013 et des décrets d'application publiés en février et mars 2014 : la loi prévoit de diviser par deux le nombre de cantons, avec un minimum de 13 cantons pour les départements de plus de 150 000 habitants et de 17 pour ceux de plus de 500 000 habitants. Les 3 971 cantons concernés par la réforme (et le même nombre de conseillers généraux) deviennent 2 054 (avec 4 108 conseillers départementaux). Les 20 arrondissements de Paris font office de cantons ; les cantons de Martinique et de Guyane disparaissant à la suite de la transformation de ces collectivités en collectivités uniques.

- Les **conseillers municipaux** sont élus lors des **élections municipales** : ils élisent ensuite leur président, qu'on appelle le maire.

- Depuis les élections municipales de mars 2014, dans les communes de plus de 1 000 habitants, les **conseillers communautaires** sont élus au **suffrage universel direct par fléchage**, dans le cadre des élections municipales : les conseillers communautaires composent le conseil délibérant des communautés de communes, des communautés d'agglomération, des communautés urbaines et des métropoles.

Remarque du formateur :
Le scrutin « par fléchage », calqué sur le scrutin municipal utilisé à Paris, Lyon et Marseille (PLM), permet à l'électeur de cocher sur une liste les candidats qu'il choisit : en fonction des résultats des listes, les candidats placés en tête peuvent siéger à la fois au conseil municipal et au conseil de l'intercommunalité, les autres uniquement au conseil municipal.

- Le **contentieux électoral** de ces élections, dites locales (par opposition aux élections nationales), est de la responsabilité des **juridictions administratives**.

• Les fonctionnaires qui travaillent dans les collectivités territoriales appartiennent à la **fonction publique territoriale**. Les fonctionnaires qui travaillent dans les préfectures et dans les administrations déconcentrées appartiennent à la **fonction publique de l'État**.

• La **révision constitutionnelle du 28 mars 2003 a fait des régions des collectivités territoriales à part entière**, au même titre que les communes et les départements : cette révision a modifié l'article 1 de la Constitution, qui précise désormais que « la France est une république indivisible, laïque, démocratique, sociale et décentralisée ».
La France est une république laïque : elle autorise et respecte toutes les religions.
La France est une république démocratique : la démocratie est le régime politique dans lequel le peuple gouverne (en grec ancien, *demos* signifie « peuple »). Le peuple gouverne par l'intermédiaire du vote, qui lui permet d'élire ses représentants.

• **Les collectivités territoriales sont surveillées, au nom de l'État, par le préfet, qui s'assure de la légalité de leurs actes et décisions.**
Le préfet est une autorité déconcentrée : il dépend de l'État.

• **Les collectivités territoriales sont des personnes morales de droit public** : les associations et les entreprises sont des personnes morales de droit privé. Les services de l'État installés au niveau local ne sont pas des personnes morales : ils ne sont que des administrations déconcentrées.

2. Le découpage territorial

• L'article 72 de la Constitution définit, après la révision du 28 mars 2003, comme « collectivités territoriales de la République » :
– les 36 744 communes (chiffres DGCL 2015 du ministère de l'Intérieur) ; 23 communes de moins qu'en 2014 suite à la fusion de certaines d'entre elles, dont 36 529 en métropole ;
– les 96 départements de Corse et de métropole ;
– les 5 départements d'outre-mer : Guadeloupe, Guyane, Martinique, Mayotte (depuis le 31 mars 2011) et La Réunion[1] ;

1. Le processus de départementalisation de Mayotte s'étend jusqu'en 2036

Remarque du formateur :
Saint-Barthélemy et Saint-Martin, dans les Petites Antilles, sont des collectivités d'outre-mer (COM) depuis le 15 juillet 2007 (elles étaient auparavant des communes du département de la Guadeloupe).
Elles sont, chacune, administrées par un conseil territorial élu, qui exerce les compétences communales, départementales et régionales, ainsi que certaines compétences de l'État qui lui sont transférées.

– les 13 Régions de métropole (elles étaient 22 avant la réforme territoriale de 2015, effective au 1er janvier 2016). Les noms de ces nouvelles Régions seront fixés avant le 1er octobre par décret en Conseil d'État ;
– les 5 régions d'outre-mer : Guadeloupe, Guyane, Martinique, Mayotte et La Réunion (elles n'ont pas été modifiées par le nouveau découpage territorial) ;
– la collectivité territoriale de Corse, composée de deux départements (Haute-Corse et Corse du Sud) ;
– les 5 collectivités d'outre-mer (COM) : Saint-Pierre-et-Miquelon, Wallis-et-Futuna, la Polynésie française, Saint-Barthélemy et Saint-Martin (ce ne sont plus des TOM depuis la révision du 28 mars 2003) ;

Remarque du formateur :
L'île de Clipperton, jadis rattachée administrativement au territoire de la Polynésie française, est une COM indépendante depuis le 21 février 2007.

– la Nouvelle-Calédonie, dotée d'un gouvernement autonome, dispose d'un statut spécial ;
– les TAAF, terres australes et antarctiques françaises : elles restent le seul TOM (depuis la loi statutaire du 6 août 1955).

Remarque du formateur :
Les TAAF rassemblent au cœur de l'océan Indien, entre l'Afrique et l'Australie, les archipels de Crozet et de Kerguelen, les îles Saint-Paul et Amsterdam, les îles Éparses (Europa, Glorieuses, Juan de Nova, Bassas da India et Tromelin) et la terre Adélie. Les TAAF ne font pas partie de l'Union européenne : elles y sont associées en tant que PTOM, pays et territoire d'outre-mer.

• La France est découpée en 13 régions : à la tête de chaque région, il y a une préfecture de région. Les régions sont découpées en 101 départements : à la tête de chaque département, il y a une préfecture. Les départements sont découpés en arrondissements : à la tête de chaque arrondissement, il y a théoriquement une sous-préfecture, installée dans le chef-lieu d'arrondissement. Les arrondissements sont découpés en cantons (sauf à Paris, Lyon et Marseille) : à la tête de chaque canton, il y a un chef-lieu de canton. Les départements sont aussi découpés en communes, qui peuvent, pour les plus grandes, être constituées de plusieurs arrondissements ou de plusieurs cantons.

Le redécoupage territorial

L'Assemblée nationale a adopté, le 25 novembre 2014, en seconde lecture, la nouvelle carte à 13 Régions, qui comprend notamment la fusion des régions Poitou-Charentes, Limousin et Aquitaine, ainsi que celle du Nord-Pas-de-Calais et de la Picardie. Cette nouvelle carte fait passer le nombre de Régions en métropole de 22 à 13.

• La loi n° 2010-1563 du 16 décembre 2010 de réforme des collectivités territoriales impose l'**intercommunalité** (les communes doivent se regrouper en communautés urbaines, de communes ou d'agglomération, ou en métropoles). Elle rend possible le **regroupement de départements** (art. 26), la **modification des frontières régionales** (art. 27), le **regroupement des régions** (art. 28) et le **regroupement d'une région avec les départements qui la composent** (art. 29)

Remarque du formateur :
L'Alsace aurait pu être la première à fusionner en une seule collectivité, la région et les deux départements : la nouvelle collectivité, appelée Conseil d'Alsace, aurait concentré tous les pouvoirs d'un département et d'une région. Le référendum local du 7 avril 2013 s'est soldé par un échec : les Alsaciens ont refusé la fusion.

FICHE 2 LA SÉPARATION DES POUVOIRS

Il est indispensable, pour bien comprendre le fonctionnement des collectivités territoriales, de comprendre d'abord le fonctionnement de l'État et le principe de la séparation des pouvoirs.

1. La séparation des pouvoirs

• La démocratie française repose sur le principe de la séparation des pouvoirs, développé par le philosophe Montesquieu (1689-1755) dans un ouvrage intitulé *De l'esprit des lois* (1748). Il a inspiré les Révolutionnaires et les rédacteurs des Constitutions successives : la séparation des pouvoirs est imposée par la Ve Constitution de la République, adoptée le 4 octobre 1958.

• Les **trois pouvoirs principaux** détenus par l'État doivent être indépendants les uns des autres, mais ils doivent aussi se contrôler mutuellement.
– le pouvoir **législatif** vote les lois : on dit qu'il légifère ;
– le pouvoir **exécutif** les exécute ;
– le pouvoir **judiciaire** les applique.

2. Le pouvoir législatif

• Le pouvoir législatif appartient au **Parlement**, composé de l'Assemblée nationale et du Sénat. En latin, *legis* signifie « de la loi » : on retrouve cette racine dans « législation », « légiférer » ou « médecin légiste », le médecin qui intervient dans le cadre d'une procédure judiciaire.

• Le Parlement est **bicaméral**, il est constitué de deux chambres : l'**Assemblée nationale** (la Chambre des députés), et le **Sénat** (la Chambre des sénateurs). Les députés et les sénateurs sont des parlementaires.

Conseils du formateur :
Recherchez le nom du président de l'Assemblée nationale, celui du président du Sénat. Qui ont-ils remplacés ? Dans quel département ont-ils été élus ?
Le maire de la ville, du village que vous habitez est-il député-maire, sénateur-maire ?

• Les deux Chambres se réunissent dans une salle appelée « **hémicycle** » : les députés et les sénateurs sont assis en demi-cercle face au président de leur Chambre. Il y a un hémicycle à l'Assemblée nationale (le bâtiment s'appelle le Palais-Bourbon). Il y a un hémicycle au Sénat (le bâtiment s'appelle le

Palais du Luxembourg). Le Sénat est le propriétaire des jardins du Luxembourg, ouverts au public.

REMARQUE DU FORMATEUR :
C'est de cette disposition que viennent les appellations « gauche » (parti socialiste, par exemple) et « droite » (Les Républicains, par exemple) : les parlementaires de gauche sont assis en face du président, à sa gauche, les parlementaires de droite sont assis en face du président, à sa droite. Les parlementaires « du centre » sont assis au centre (le MoDem, par exemple). C'est ainsi depuis la première réunion du Parlement, en 1789 : les représentants du peuple se sont assis à la gauche du président, les représentants de la noblesse se sont assis à sa droite et les représentants du clergé, qui se disaient neutres, se sont assis au milieu.

• Les deux Chambres élisent leur président :
– **le président de l'Assemblée nationale est un député, élu président pour cinq ans par les députés** ;
– **le président du Sénat est un sénateur, élu président pour trois ans pas les sénateurs.**
On retrouve le même principe au sein des collectivités territoriales : **le maire est un conseiller municipal élu pour six ans par les conseillers municipaux pour présider le conseil municipal.**

• Le président du Sénat assure l'intérim du président de la République, en attendant qu'une nouvelle élection présidentielle soit organisée, si le président de la République ne peut plus assumer ses fonctions (décès, démission, etc.).

• La loi constitutionnelle du 23 juillet 2008 de **modernisation des institutions de la Ve République** permet désormais au président de la République de « convoquer le Congrès du Parlement français pour faire une déclaration » (article 18 de la Constitution). Un débat peut suivre sa déclaration, en dehors de la présence de ce dernier. Auparavant, l'article 18 prévoyait que « le président de la République communique avec les deux assemblées du Parlement par des messages qu'il fait lire et qui ne donnent lieu à aucun débat » (depuis la loi De Broglie du 13 mars 1873).

REMARQUE DU FORMATEUR :
Après les attentats du 13 novembre, François Hollande a prononcé devant le Congrès, le 16 novembre, un discours (disponible sur le site de l'Élysée).

• **Le Parlement élabore et vote les lois.**
Il contrôle l'action du gouvernement au nom du peuple qu'il représente.
Les parlementaires et le gouvernement, dirigé par le Premier ministre, ont **l'initiative des lois**, ils peuvent proposer au Parlement un **projet** ou une **proposition de loi**, qui sera discuté, voté et peut-être adopté.
Le président de la République n'a pas l'initiative des lois.

• Le Parlement examine les **propositions de loi** qui lui sont soumises par les parlementaires. Il examine les **projets de loi** qui lui sont soumis par le gouvernement : si l'idée d'une loi vient d'un parlementaire, c'est une proposition de loi (il propose son idée à ses collègues), si l'idée vient du gouvernement, c'est un projet de loi que le gouvernement soumet au Parlement après l'avoir examiné, et adopté, en Conseil des ministres.

3. Le pouvoir exécutif

• **Le pouvoir exécutif appartient au gouvernement et à ses représentants : ils exécutent les lois** adoptées par les législateurs, c'est-à-dire les parlementaires.
Le pouvoir exécutif est dirigé par le Premier ministre, et par le gouvernement.

• **Le pouvoir exécutif est représenté localement par deux autorités déconcentrées : le préfet et le maire (dans son rôle d'agent de l'État).**

• La France dispose d'un pouvoir exécutif **bicéphale** (qui a deux têtes) : le gouvernement « détermine et conduit la politique de la Nation » selon l'article 20 de la Constitution, et le président de la République « veille au respect de la Constitution [...], assure, par son arbitrage, le fonctionnement régulier des pouvoirs publics ainsi que la continuité de l'État [...], est le garant de l'indépendance nationale, de l'intégrité du territoire et du respect des traités » (Constitution, art. 5).

4. Le pouvoir judiciaire

• Le pouvoir judiciaire n'est pas réellement un pouvoir autonome, plutôt une autorité, qui jouit d'une certaine indépendance.

• Il appartient à la justice, qui fait appliquer et respecter les lois votées par le pouvoir législatif, qui fait aussi appliquer et respecter les règlements imposés par le pouvoir exécutif.

FICHE 3 LE DROIT CONSTITUTIONNEL

Le droit constitutionnel est le droit objectif qui découle de la Constitution pour réglementer le fonctionnement de l'État, de ses institutions et des administrations.

1. La Constitution

- **La Constitution est la loi fondamentale de la République**, le texte sur lequel repose le fonctionnement de l'État, de ses institutions et de ses administrations.
La Constitution définit précisément le rôle et la mission de chacun.
Elle rappelle les valeurs autour desquelles s'est construit notre pays.
Elle règle les rapports entre les trois pouvoirs, législatif, exécutif et judiciaire.

- La France est actuellement « sous la Ve République », parce qu'elle respecte la cinquième Constitution républicaine de son histoire, proposée par le général de Gaulle et adoptée le 4 octobre 1958.

Les Constitutions de la République française

Iʳᵉ République	le 24 juin 1793
IIᵉ République	le 4 novembre 1848
IIIᵉ République	le 25 février 1875
IVᵉ République	le 27 octobre 1946
Vᵉ République	le 4 octobre 1958

2. La Constitution du 4 octobre 1958

- Le 22 septembre 1958, la Vᵉ Constitution de la République a été adoptée par référendum avec 79,86 %, des suffrages : elle a été promulguée le 4 octobre 1958. Elle a été rédigée au château de La Celle-Saint-Cloud (78), dans les Yvelines, sous la direction de Michel Debré.
Charles de Gaulle a été élu président de la République le 21 décembre 1958 par un collège de grands électeurs. La Constitution de 1958 prévoit en effet l'élection du président de la République au **suffrage indirect. Le référendum du 28 octobre 1962 prévoit son élection au suffrage universel direct**. Il le sera pour la première fois le 19 décembre 1965.

• Elle impose la séparation des pouvoirs et augmente, par rapport à la Constitution de la IVe République, les pouvoirs du président de la République, en limitant ceux du Parlement.
Elle crée le **Conseil constitutionnel**, qui veille à la constitutionnalité des lois.
Elle permet au gouvernement d'intervenir dans l'élaboration des lois.

3. Le Conseil constitutionnel

• Le Conseil constitutionnel est conçu comme un conseil de sages. Il est composé de neuf membres nommés pour neuf ans et dont le mandat n'est pas renouvelable : trois des neuf membres sont nommés par le président de l'Assemblée nationale, trois par le président du Sénat et trois par le président de la République. La loi constitutionnelle du 23 juillet 2008 prévoit que les désignations des membres du Conseil constitutionnel peuvent faire l'objet d'un veto des commissions permanentes, et compétentes en matière de nomination des deux chambres parlementaires (Constitution, art. 56 issu de la loi organique du 23 juillet 2010).
Les anciens présidents de la République sont à vie membres de droit du Conseil constitutionnel : ils sont libres de siéger, ou non, aux côtés de ses neuf membres.
Le président du Conseil constitutionnel est l'un des neuf membres, nommé à ce poste par le président de la République : il s'agit actuellement de Jean-Louis Debré (2007-2016).
Il dispose d'une voix prépondérante : sa voix a plus de valeur que celle des autres.

• Les conseillers ne sont ni des parlementaires, ni des ministres : ils n'ont aucun autre mandat, aucune autre activité professionnelle. Ils sont en général en fin de carrière : souvent peu connus du grand public, ce sont de fins connaisseurs du droit constitutionnel.

• Le Conseil constitutionnel vérifie, avant qu'elles soient promulguées, que les lois votées par le Parlement sont conformes à la Constitution : si le Conseil déclare qu'une loi est anticonstitutionnelle, elle ne peut pas être promulguée. Il est donc le seul à bénéficier d'un droit de veto sur les activités du Parlement, et personne ne peut faire appel de ses décisions.

• Le Conseil constitutionnel peut être saisi par le président de la République, par le Premier ministre, par les présidents des deux assemblées, et, depuis une loi du 21 octobre 1974, par 60 députés ou 60 sénateurs.

Le Conseil constitutionnel a un mois pour statuer et répondre à la question qui lui est posée.

• La révision constitutionnelle du 23 juillet 2008 a créé la saisine du Conseil constitutionnel par voie de « **question prioritaire de constitutionnalité** » (Constitution, art. 61-1). Chaque citoyen, depuis son entrée en vigueur, le 1er mars 2010, a la possibilité de contester, « devant une juridiction relevant du Conseil d'État ou de la Cour de cassation » (Constitution, art. 23-1), la constitutionnalité d'une disposition légale « qui porte atteinte aux droits et libertés que la Constitution garantit ». Le Conseil constitutionnel pourra annuler la ou les loi(s) qu'il déclarera inconstitutionnelle(s) : il ne pouvait auparavant se prononcer que sur la constitutionnalité d'une loi qui n'était pas encore promulguée.

• Le Conseil constitutionnel établit également la liste des candidats aux élections présidentielles, qu'il contrôle : c'est lui qui vérifie les 500 signatures que les candidats à l'élection présidentielle doivent recueillir pour se présenter. Il proclame les résultats de l'élection présidentielle et vérifie les comptes de campagne des candidats.

La Commission nationale des comptes de campagne et des financements politiques (CNCCFP) contrôle les comptes de campagne des candidats aux élections européennes, législatives, régionales, départementales, municipales, territoriales et provinciales (outre-mer) dans les circonscriptions de plus de 9 000 habitants. Depuis la loi organique n° 2006-404 du 5 avril 2006, l'examen des comptes des candidats à l'élection présidentielle, auparavant assuré par le Conseil constitutionnel, a été transféré à ladite Commission.

• Le Conseil constitutionnel siège à l'hôtel de Montpensier, à Paris (1er arrondissement).

4. Le référendum

• La France fonctionne sur les principes de la démocratie représentative : le Parlement représente le peuple, il vote en son nom, il doit suivre ses directives.

FICHE 3

• Le **référendum** permet de poser directement une question aux électeurs :
– êtes-vous pour ou contre tel texte ?
– pour ou contre telle modification de la loi ?
Une réponse négative interdit théoriquement l'adoption du texte.
Le référendum est un instrument de **démocratie directe** : il permet au peuple de donner directement son avis.

• Le **plébiscite** est une forme détournée de référendum : le peuple ne répond pas vraiment à la question, il vote pour ou contre celui qui la lui pose.

• La Constitution prévoit trois référendum :
– le **référendum législatif** (article 11 de la Constitution) permet d'adopter une loi, de ratifier un traité qui aurait des incidences sur le fonctionnement des institutions (le traité de Maastricht, par exemple, en 1992), de porter sur les services publics ou les pouvoirs publics (abandon, en septembre 2000, du septennat au profit du quinquennat), de réformer la politique économique, sociale ou environnementale. Ce référendum est laissé à l'initiative du président de la République sur proposition éventuelle du gouvernement ou du Parlement ;
– le **référendum constituant**, pour réviser la Constitution (article 89 de la Constitution) ;
– le **référendum décisionnel local**, créé par la loi constitutionnelle du 28 mars 2003 (article 72-1 de la Constitution) et complété par la loi organique du 1er août 2003 (article LO1112-1 et suivants du CGCT), il a valeur de décision et permet à une collectivité territoriale (il n'était auparavant que municipal, il a été élargi) de soumettre à ses électeurs un texte qui relève de sa compétence (seuls les électeurs de cette collectivité peuvent voter).

REMARQUE DU FORMATEUR :

Les électeurs d'une collectivité territoriale peuvent, par l'exercice du droit de pétition, demander l'inscription à l'ordre du jour de l'assemblée délibérante de cette collectivité d'une question relevant de sa compétence (art. 72-1 de la Constitution).

• La décision d'organiser un référendum législatif, ou un référendum constituant, appartient au président de la République « sur proposition du gouvernement pendant la durée des sessions ou sur proposition conjointe des deux assemblées » (art. 11 de la Constitution).

La loi constitutionnelle du 23 juillet 2008 a créé le **référendum d'initiative partagée** (art. 11 de la Constitution) : un référendum « peut être organisé à l'initiative d'un cinquième des membres du Parlement » (soit 185 parlementaires, députés et sénateurs) soutenus « par un dixième des électeurs inscrits sur les listes électorales » (soit 4,5 millions d'électeurs qui, en trois mois, doivent donner leur signature par voie électronique). La mise en œuvre de ce référendum est détaillée par la loi organique n° 2013-1114 du 6 décembre 2013 portant application de l'article 11 de la Constitution.

LES COLLECTIVITÉS TERRITORIALES DANS LA CONSTITUTION

Le titre XII de la Constitution traite « des collectivités territoriales » (articles 72 à 75-1).

• Les collectivités territoriales de la République sont les communes, les départements, les régions, les collectivités à statut particulier et les collectivités d'outre-mer (Constitution, art. 72).
Elles sont autonomes : elles ont « vocation à prendre les décisions pour l'ensemble des compétences qui peuvent le mieux être mises en œuvre à leur échelon ».
Elles s'administrent librement par des conseils élus et disposent d'un pouvoir réglementaire pour l'exercice de leurs compétences.
Elles sont indépendantes : aucune collectivité territoriale ne peut exercer une tutelle sur une autre.
Elles disposent librement de leurs ressources dans les conditions fixées par la loi : elles « peuvent recevoir tout ou partie du produit des impositions de toutes natures » et « la loi peut les autoriser à en fixer l'assiette et le taux dans les limites qu'elle détermine ».

• **Le transfert de compétences entre l'État et les collectivités territoriales s'accompagne de l'attribution de ressources équivalentes à celles qui étaient consacrées à leur exercice** : cela signifie que l'État verse aux collectivités des subventions supplémentaires pour financer les missions qu'il leur attribue, ou l'extension de ces missions.

• La loi prévoit des **dispositifs de péréquation** destinés à favoriser l'égalité entre les collectivités territoriales : la péréquation est un mécanisme de redistribution qui vise à réduire les écarts de richesse et les inégalités (l'idée est que les collectivités les moins riches perçoivent plus de subventions et de dotations que les collectivités les plus riches).

FICHE 5 AUX ORIGINES DE LA DÉCENTRALISATION

Avant la Révolution, la France était un État entièrement **centralisé** : toutes les décisions se prenaient à Paris, puis à Versailles, à la cour du roi. Le gouvernement central n'avait aucun représentant local : il n'était donc pas **déconcentré**.

1. La centralisation

Un État centralisé est un État où toutes les décisions se prennent au même endroit, là où se trouve le pouvoir.

REMARQUE DU FORMATEUR :
Le pouvoir central se trouve en général dans la capitale du pays, la capitale se retrouve donc à la tête de l'État.
En latin, *capita* signifie « tête » : on retrouve par exemple cette racine dans « décapiter » ... trouver la racine grecque ou latine permet souvent de comprendre le sens du mot.

2. La déconcentration

- Après la Révolution, la France s'est petit à petit déconcentrée : les gouvernements successifs ont installé localement des fonctionnaires d'État, pour les représenter et faire appliquer leurs décisions. Le territoire a été maillé de préfectures, de sous-préfectures et de tribunaux.

REMARQUE DU FORMATEUR :
Une logique a conduit à ce découpage : tout citoyen devait pouvoir accéder à une préfecture, à une sous-préfecture ou à un tribunal d'instance en moins d'une journée à cheval (ce principe a été mis à mal : la réforme de la carte judiciaire entamée en juin 2007 par la garde des Sceaux a entraîné la fermeture de 23 tribunaux de grande instance, 178 tribunaux d'instance et 55 tribunaux de commerce).

- **Les préfets et les sous-préfets sont des autorités déconcentrées** : ils représentent le gouvernement et dirigent en son nom les services déconcentrés qui interviennent dans les arrondissements, les départements et les régions où ils sont installés.

Les préfets et les sous-préfets, créés le 22 décembre 1789, dépendent du pouvoir central, ils ne sont pas autonomes : ils ne sont donc pas décentralisés, mais déconcentrés.

• **Un État déconcentré est un État centralisé qui est localement représenté par une autorité :**
– qui dépend de lui ;
– qui fait appliquer ses décisions ;
– qui lui obéit ;
– qui lui rend des comptes.

3. La décentralisation

• La **décentralisation** a été engagée par Gaston Defferre, ministre de l'Intérieur du premier gouvernement de François Mitterrand, dirigé par Pierre Mauroy.

• La loi d'orientation du 2 mars 1982 « relative aux droits et libertés des communes, des départements et des régions » (la loi Defferre) a défini le processus et la logique de la décentralisation.
Elle a prévu le transfert progressif aux collectivités territoriales d'un certain nombre de pouvoirs et de compétences exercés par l'État.

La décentralisation s'est échelonnée sur plusieurs années : le gouvernement de Jean-Pierre Raffarin (2002-2005) a par exemple décentralisé la gestion de 18 000 kilomètres de routes nationales, qui sont de la responsabilité des départements depuis le 1er janvier 2006.

La loi d'orientation du 2 mars 1982 est complétée par les lois du 7 janvier et du 22 juillet 1983, qui répartissent les compétences entre l'État et les collectivités territoriales : chaque étape de la décentralisation a été ainsi formalisée par le vote d'une loi.

Depuis 2003, l'article premier de la Constitution précise que l'organisation de la France est « décentralisée ».

Récemment, le processus de décentralisation a été complété par le développement des structures intercommunales – dont les métropoles, qui condensent par délégation un nombre de plus en plus important de compétences – et par le redécoupage des Régions, qui va leur permettre d'aligner plus de moyens, d'avoir plus de poids et plus de force pour se développer sur le plan économique.

FICHE 5

L'acte III de la décentralisation, engagé sous la présidence de François Hollande à partir de 2013, est en effet constitué de trois projets de loi :
– la modernisation de l'action publique territoriale et l'affirmation des métropoles (loi n° 2014-58 du 27 janvier 2014) ;
– la mobilisation des régions pour la croissance et l'emploi, et la promotion de l'égalité des territoires ;
– le développement des solidarités territoriales et de la démocratie locale.

REMARQUE DU FORMATEUR :
Le principe de la décentralisation est de rapprocher les élus et les centres de décision du peuple, des électeurs : les collectivités territoriales sont dirigées par des élus que le peuple choisit et qu'il doit surveiller, pour que fonctionne la démocratie.

- **Un État décentralisé est un État dans lequel une partie des décisions n'est plus prise où siège le pouvoir central, mais à l'échelon local par des assemblées délibérantes élues pour administrer des collectivités territoriales qui jouissent d'une très grande indépendance.**

REMARQUE DU FORMATEUR :
Il ne faut pas confondre la déconcentration, la décentralisation et la délocalisation : la délocalisation, c'est simplement le fait de changer d'endroit.

FICHE 6 LA DÉCENTRALISATION, TRANSFERT DES COMPÉTENCES

FICHE 6

L'État central a confié, transféré, un certain nombre de ses pouvoirs et de ses compétences aux collectivités territoriales : la décentralisation a donc petit à petit attribué aux conseils régionaux, aux conseils généraux et aux communes des pouvoirs supplémentaires.

- L'État n'a par exemple plus aucune compétence en matière de protection de l'enfance : l'aide sociale à l'enfance (ASE) assume, depuis le 6 janvier 1986, la mission de protection de l'enfance qui appartenait auparavant à la DDASS. L'ASE est un service du conseil départemental : la protection de l'enfance a donc été décentralisée. La DDASS était une administration déconcentrée placée sous l'autorité du préfet : elle n'avait plus de compétences en matière de protection de l'enfance depuis le 6 janvier 1986. La DDASS (direction départementale de l'action sanitaire et sociale) et la DRASS (direction régionale) ont été remplacées le 1er avril 2010 (loi n° 2009-879 du 21 juillet 2009 dite HPST, Hôpital, patients, santé et territoire) par l'ARS (Agence régionale de santé). La même loi a créé la Direction régionale de la jeunesse, des sports et de la cohésion sociale (DRJSCS) et la Direction régionale et interdépartementale de l'hébergement et du logement (DRIHL).

- L'État a conservé certaines de ses missions dites « régaliennes » : l'armée, la collecte des impôts, les affaires étrangères, la police, la justice, l'Éducation nationale, l'aménagement du territoire, etc.

1. Des pouvoirs complémentaires

- Les pouvoirs des régions, des départements et des communes sont complémentaires : quand le conseil régional est responsable de l'entretien et de la construction des lycées, le conseil départemental est responsable de l'entretien et de la construction des collèges, et la commune, de l'entretien et de la construction des écoles élémentaires et maternelles.

La réforme territoriale menée en 2015 va probablement modifier progressivement les compétences de chacune des collectivités territoriales : les Régions et les métropoles devraient concentrer de plus en plus de pouvoirs, au détriment des départements et des communes.

FICHE 6

2. Les compétences des collectivités territoriales

• **Le conseil régional est responsable de la formation professionnelle des adultes, de l'entretien et de la construction des lycées, des résidences universitaires et des parcs naturels régionaux. Il finance et développe des transports en commun (trains régionaux, bus, métros), une partie des routes, rocades et autoroutes. Il participe au développement économique.**

• **Le conseil départemental est responsable de l'entretien et de la construction des collèges, de l'aide sociale, de la protection de l'enfance (ASE) et de la protection maternelle et infantile (PMI), des transports scolaires, des services d'incendie et de secours (SDIS), de la construction et l'entretien des routes départementales.**

Un projet de loi prévoyait en juin 2014 que les Régions récupèrent plus de 381 000 kilomètres de routes jusque-là gérées par les départements : il a été abandonné en février 2015, lors de l'examen du projet de loi NOTRe à l'Assemblée (la loi NOTRe est le troisième et dernier volet de la réforme territoriale : il s'agit de la loi portant sur la Nouvelle Organisation territoriale de la République, promulguée le 7 août 2015).
Sur plus de 380 000 kilomètres de routes (en France métropolitaine), les 18 000 kilomètres de routes nationales ont été au 1er janvier 2006 transférés aux départements (par le gouvernement de Jean-Pierre Raffarin), et les « routes nationales d'intérêt local » sont devenues propriété des conseils départementaux. L'État gère 12 600 km de routes, et les concessionnaires d'autoroutes, 8 600.

Les trois volets de la réforme territoriale

Premier volet : loi de Modernisation de l'Action Publique Territoriale et d'Affirmation des Métropoles (MAPTAM), décembre 2013.

Deuxième volet : loi du 16 janvier 2015 relative à la délimitation des régions, aux élections régionales et départementales et modifiant le calendrier électoral.

Troisième volet : loi portant Nouvelle Organisation Territoriale de la République (NOTRe).

• La commune est responsable de l'entretien et de la construction des écoles élémentaires, de l'état civil et des élections.
Elle a des compétences en action sociale à travers son CCAS, en action économique et en urbanisme, en action culturelle et sportive.
Elle intervient sur l'environnement (gestion de l'eau potable, ramassage des ordures ménagères, traitement des déchets et des eaux usées).

• La loi du 6 janvier 1986, qui a confié aux départements la protection de l'enfance, a aussi décentralisé l'aide sociale : l'aide sociale (obligatoire) est de la compétence du département, l'action sociale (facultative) est de la compétence du CCAS de la commune.

• La loi n° 2014-58 du 27 janvier 2014 de modernisation de l'action publique territoriale et d'affirmation des métropoles (loi « MAPTAM ») prévoit :
– la délégation aux communes de certaines compétences de l'État ;
– la création, dans chaque catégorie de collectivité territoriale, du statut de chef de file pour l'exercice de certaines compétences ;
– la création, dans chaque région, d'une conférence territoriale de l'action publique.

3. Des blocs de compétences

• La loi du 7 janvier 1983, qui a complété la loi d'orientation du 2 mars 1982, partage les compétences que l'État transfère entre les trois collectivités territoriales, selon la logique des « blocs de compétences ».

• Chaque collectivité se voit confier un **bloc de compétences** :
– **la maîtrise du sol** (urbanisme et équipements de proximité) est attribuée à la commune ;
– **l'action sociale et la santé**, l'équipement rural et les routes départementales sont attribués au département ;
– **le développement économique et la formation professionnelle** (des salariés ou des demandeurs d'emploi) sont attribués à la région.

> Le rôle économique prépondérant de la Région a été renforcé par les récentes réformes territoriales : c'est pour cela que les régions ont été agrandies.

FICHE 7

LE PRÉFET, UNE AUTORITÉ DÉCONCENTRÉE

Le préfet représente localement le pouvoir central, c'est-à-dire le gouvernement et chacun de ses ministres.
Il dirige les administrations déconcentrées et assure le contrôle, au nom de l'État, des autorités décentralisées (les collectivités territoriales).

Remarque du formateur :
Le mot « préfet » est d'origine latine, *praefectus* signifie « placé en tête » (pensez à la proue du navire).
Le préfet romain dirigeait des cohortes de légionnaires ou de pompiers (*praefectus vigilum*), il pouvait aussi être responsable de l'approvisionnement de Rome en grains (*praefectus annonae*).

1. Un haut fonctionnaire

• **Le préfet est un haut fonctionnaire d'État nommé par décret du président de la République, pris en Conseil des ministres : il n'est donc pas élu**. Il **dépend du ministère de l'Intérieur.** On dira qu'une femme préfet est préfet, ou préfète. Les préfets ont souvent fait leurs études à l'ENA (École nationale d'administration).

• Le préfet s'est appelé « commissaire de la République » de mai 1982 à février 1988. Il existe depuis le 22 décembre 1789, date à laquelle ont été créés les départements.

• **Le préfet du département coordonne l'action des sous-préfets.**
Le préfet de région coordonne l'action des préfets. Il cumule souvent les fonctions de préfet de région et de préfet du département dans lequel se trouve la préfecture de région : le préfet de Gironde installé à Bordeaux est aussi, par exemple, le préfet de la Région Aquitaine.

• Le préfet du département assure le contrôle des communes et du conseil départemental, le préfet de région assure le contrôle du conseil régional. Il dirige les directions régionales des administrations déconcentrées.

2. Le préfet de police de Paris

• Le préfet de police de Paris a été créé le 1er juillet 1800.
Il n'y a de préfet de police qu'à Paris, où il n'y a pas de préfet.

Le préfet de police de Paris n'est compétent qu'à Paris : il gère néanmoins les budgets et les personnels de la police nationale des trois départements de la petite couronne (Val-de-Marne, Hauts-de-Seine, Seine-Saint-Denis).

• Il est également préfet de la zone de défense de Paris, laquelle recouvre l'ensemble du territoire de la région Île-de-France : il est à ce titre responsable de l'organisation de la défense civile, de la prévention et de la gestion des phénomènes météorologiques de grande ampleur (inondations, tornades, tremblements de terre), des catastrophes sanitaires et industrielles, etc.

• Il dispose de la quasi-totalité des pouvoirs de police dévolus dans les autres villes au maire : le maire de Paris n'est pas officier de police judiciaire (CGCT, art. L. 2512-13 et 14).

Le sigle CGCT désigne le Code général des collectivités territoriales, qui détaille le fonctionnement des collectivités territoriales : le 21 février 1996, il a remplacé le Code des communes (dénommé « Code de l'administration communale » de 1957 à 1977), qui disparaît progressivement.

• Les pouvoirs conférés par le Code de la route au préfet sont exercés à Paris par le préfet de police : pour exécuter ses missions, il dispose des fonctionnaires de la police nationale et, en matière de circulation et de stationnement, des agents de la ville de Paris (ASP) placés sous son autorité.

Remarque du formateur :
Jadis appelés « aubergines » ou « pervenches », ils répondent aujourd'hui au surnom de « lustucrus », à cause du damier bicolore qui cercle leur casquette.

• Le préfet de police de Paris doit aussi assurer la protection du siège des institutions de la République et des représentations diplomatiques (CGCT, art. L. 2512-14).

• Le préfet de police, après avis du maire de Paris, intervient en cas de « manifestation de voie publique à caractère revendicatif, festif, sportif ou culturel, il fixe, après avis du maire de Paris, les règles de circulation et de stationnement sur certains axes pour tenir compte des conditions de circulation dans l'agglomération parisienne et en région d'Île-de-France ».

• La préfecture de police de Paris fait partie de la police nationale depuis le 9 juillet 1966 : elle était auparavant un corps à part, placé sous l'autorité du préfet de police de Paris.

FICHE 8 LA JUSTICE ADMINISTRATIVE

Le droit administratif examine les litiges entre les particuliers et les administrations, ou entre les administrations.
Il est de la compétence des **juridictions administratives**, dans lesquelles siègent des **magistrats de l'ordre administratif**, inamovibles et indépendants.

- La justice administrative est compétente pour examiner les litiges entre un employeur public et le salarié d'une administration des trois fonctions publiques (d'État, hospitalière et territoriale), qu'il soit fonctionnaire ou contractuel (le conseil des prud'hommes est réservé aux salariés du secteur privé).

- La justice administrative est aussi compétente pour juger les litiges entre une personne privée et un établissement public, ou un organisme privé chargé d'une mission de service public.

- La justice administrative est également compétente :
– pour annuler une décision administrative, ou pour s'y opposer (un arrêté municipal, un arrêté préfectoral, la décision d'un hôpital, d'une université, un permis de construire, etc.) ;
– pour décider de la réparation d'un préjudice causé par une administration ou l'un de ses représentants (un accident de la route avec une voiture de la police) ;
– pour examiner les contestations sur le montant des impôts.

- Il existe trois procédures en droit administratif :
– les **recours en annulation** permettent d'obtenir du juge la suppression d'un acte administratif (le principal et le plus courant est le **recours pour excès de pouvoir**) ;
– les **recours en plein contentieux** permettent d'obtenir du juge qu'il annule des décisions administratives, qu'il les réforme ou leur substitue ses propres décisions, ou qu'il ordonne l'indemnisation de l'administré (le **recours en réformation**, le **recours en indemnisation**, le **recours en appréciation de légalité** et le **recours en interprétation**) ;
– les **recours réservés à l'administration** permettent à une administration de demander au juge administratif l'autorisation de prendre une mesure particulière.

- La justice administrative est enfin compétente en contentieux électoral, pour arbitrer les litiges nés des élections locales (municipales, cantonales, régionales et départementales).

1. Les juridictions administratives

- Créés en 1800, les conseils de préfecture, présidés par le préfet, sont devenus, en 1953, les tribunaux administratifs, puis les **cours administratives d'appel** ont été créées le 31 décembre 1987 : il est en effet possible d'interjeter appel de la décision d'un tribunal administratif. Les juridictions administratives sont régies par le **code de justice administrative** (CJA). La justice administrative est aujourd'hui rendue par 41 tribunaux administratifs (CJA, art. R.221-3) et 8 cours administratives d'appel (CJA, art. R.221-7).

- La juridiction suprême du droit administratif est le **Conseil d'État**, qui remplit alors les mêmes missions que la Cour de cassation pour le droit privé : c'est un de ses deux rôles (il est également le conseiller juridique et administratif du gouvernement).

2. Les magistrats de l'ordre administratif

- Les magistrats de l'ordre administratif ne sont pas issus de la même filière que les magistrats de l'ordre judiciaire : ce sont souvent d'anciens élèves de l'ENA (École nationale d'administration). Ils exercent tour à tour différentes fonctions :
– le juge rapporteur, qui prépare l'audience ;
– le commissaire du gouvernement, qui donne son avis en toute indépendance après avoir étudié le dossier et la jurisprudence ;
– le président et ses assesseurs, qui rendent leur décision après avoir étudié le dossier.
Les magistrats de l'ordre administratif sont assistés par des greffiers.

3. Le Conseil d'État

- Le Conseil d'État est le conseiller juridique et administratif du gouvernement : il peut être consulté sur n'importe quel sujet de sa compétence. Il étudie les projets de loi, d'ordonnances et de décrets avant qu'ils ne soient présentés en Conseil des ministres.
Il rédige les décrets dits « en Conseil d'État ».
Il adresse chaque année au président de la République un rapport public qui suggère des réformes d'ordre législatif, réglementaire ou administratif.

• Le Conseil d'État juge en premier et dernier ressorts les recours dirigés contre les décrets, les actes des organismes collégiaux à compétence nationale ainsi que le contentieux des élections régionales et de l'élection des représentants français au Parlement européen.
Il est compétent en appel pour les contentieux des élections municipales et cantonales, pour examiner la légalité des arrêtés de reconduite à la frontière.
Il est également le juge suprême des juridictions administratives : il fait office de Cour de cassation pour le droit administratif.

• Le Conseil d'État comprend environ 350 membres (les deux tiers y travaillent, le troisième tiers travaille à l'extérieur, souvent dans les cabinets ministériels). Les élèves qui achèvent leur scolarité à l'École nationale d'administration (ENA) se voient chaque année proposer cinq à sept postes d'auditeurs : ils offrent la possibilité de devenir maître des requêtes après trois ans de carrière, puis conseiller d'État douze ans plus tard.

4. Le Tribunal des conflits

• Le Tribunal des conflits est une haute juridiction, domiciliée au Conseil d'État, qui se prononce :
– lorsqu'une juridiction administrative et une juridiction judiciaire veulent juger le même procès (on parle alors de conflit positif) ;
– lorsqu'une juridiction administrative et une juridiction judiciaire se déclarent toutes les deux incompétentes pour juger un procès (on parle alors de conflit négatif) ;
– lorsque les tribunaux de l'ordre administratif et judiciaire ont pris sur la même affaire des décisions contradictoires.

• Le Tribunal des conflits est composé de huit juges nommés pour trois ans : trois sont nommés par le Conseil d'État, trois sont nommés par la Cour de cassation, deux (et deux suppléants) sont nommés par les six autres juges. Le ministre de la Justice préside le tribunal, mais, dans la pratique, c'est le vice-président, élu par les cinq autres, qui assure la présidence.

FICHE 9 TEST : QCM

Jouez le jeu : ne regardez pas les réponses avant de répondre ! N'hésitez pas à faire quelques recherches, si la bonne réponse ne se trouve pas dans les pages que vous venez d'étudier…
Attention : pour certaines questions, plusieurs réponses sont attendues.

1 Qui élit les sénateurs ?
- ❍ a. Les électeurs
- ❍ b. Les citoyens
- ❍ c. Les conseillers municipaux
- ❍ d. Les grands électeurs

2 Qui élit le maire ?
- ❍ a. Les électeurs
- ❍ b. Les citoyens
- ❍ c. Les habitants
- ❍ d. Les conseillers municipaux

3 Le président de l'Assemblée nationale est :
- ❍ a. un député
- ❍ b. un ministre
- ❍ c. un sénateur
- ❍ d. un secrétaire d'État

4 Les conseillers communautaires vont désormais siéger :
- ❍ a. au conseil municipal
- ❍ b. au conseil départemental
- ❍ c. au conseil municipal et au conseil départemental
- ❍ d. au sein des assemblées délibérantes des intercommunalités

5 Le Parlement est composé :
- ❍ a. de l'Assemblée nationale et du Conseil constitutionnel
- ❍ b. de l'Assemblée nationale et du Sénat
- ❍ c. de l'Assemblée nationale et du gouvernement
- ❍ d. de l'Assemblée nationale, du Sénat et du gouvernement

6 Le Conseil d'État est la plus haute juridiction :
- ❍ a. du droit public
- ❍ b. du droit administratif
- ❍ c. du droit des collectivités territoriales
- ❍ d. du droit civil

7 Le président du Sénat est :
- ❍ a. élu président pour trois ans pas les sénateurs
- ❍ b. élu président pour six ans en conseil des ministres
- ❍ c. nommé président pour trois ans par le président de la République
- ❍ d. élu président pour six ans par les sénateurs

8 Le maire est :
- ❍ a. forcément un conseiller municipal

❍ **b.** forcément un conseiller départemental
❍ **c.** forcément un fonctionnaire territorial
❍ **d.** forcément dans la majorité parlementaire

9 La question prioritaire de constitutionnalité est une question posée au Conseil constitutionnel :
❍ **a.** par un juge
❍ **b.** par le Conseil d'État
❍ **c.** par un justiciable
❍ **d.** par un parlementaire

10 Une assemblée délibérante :
❍ **a.** est forcément élue
❍ **b.** est élue ou nommée selon les cas
❍ **c.** n'est jamais élue

11 Le droit de pétition permet aux électeurs :
❍ **a.** de demander l'examen par l'assemblée délibérante d'une collectivité d'une question relevant de sa compétence
❍ **b.** de choisir les candidats aux élections présidentielles
❍ **c.** de lutter efficacement contre le réchauffement climatique
❍ **d.** de s'exprimer lors des primaires du parti qu'ils soutiennent

12 Les conseillers départementaux vont désormais siéger :
❍ **a.** au conseil municipal
❍ **b.** au conseil départemental
❍ **c.** au conseil régional et au conseil départemental
❍ **d.** au conseil départemental et au sein des assemblées délibérantes des intercommunalités

13 Les routes nationales sont désormais de la responsabilité :
❍ **a.** du conseil départemental (depuis le 1er janvier 2006)
❍ **b.** du conseil régional (depuis le 1er janvier 2016)
❍ **c.** de la commune qu'elles traversent (depuis le 7 août 2015)
❍ **d.** de l'État (depuis toujours)

14 Dans les communes de plus de 1 000 habitants :
❍ **a.** les conseillers communautaires sont élus en même temps que les conseillers départementaux lors des élections départementales
❍ **b.** les conseillers communautaires sont élus lors des élections territoriales
❍ **c.** les conseillers communautaires sont élus en même temps que les conseillers municipaux lors des élections municipales
❍ **d.** les conseillers communautaires sont élus par les conseillers municipaux lors de l'élection du maire et de ses adjoints

15 Depuis le redécoupage des cantons (loi du 17 mai 2013 et décrets d'application de février et mars 2014), la France compte :

- a. 3 971 cantons et le même nombre de conseillers départementaux
- b. 4 108 cantons et 2 054 conseillers départementaux
- c. 2 054 cantons et 4 108 conseillers départementaux
- d. 4 108 cantons et le même nombre de conseillers départementaux

16 La France est découpée en :

- a. régions, départements, arrondissements, cantons et communes
- b. régions, départements, cantons et communes
- c. régions, départements, cantons, arrondissements, et communes
- d. régions, départements et communes

17 Le pouvoir réglementaire appartient :

- a. au pouvoir législatif
- c. au pouvoir judiciaire
- b. au pouvoir exécutif
- d. au président de la République

18 Un décret a une portée :

- a. générale (il concerne tout le monde)
- b. individuelle (il ne concerne qu'une seule personne)
- c. générale ou individuelle selon les cas
- d. limitée

19 Le président de la République :

- a. est le chef de l'État et du gouvernement
- b. est le chef de l'État
- c. est le chef du gouvernement
- d. est le chef des armées
- e. est le chef de la police

20 Le président de la République :

- a. propose les lois
- b. adopte les lois
- c. promulgue les lois
- d. abroge les lois
- e. exécute les lois

Corrigé

1. d ; 2. d ; 3. a ; 4. d ; 5. b ; 6. b ; 7. a ; 8. a ; 9. c ; 10. a ; 11. a. ; 12. b ; 13. a ; 14. c ; 15. c ; 16. a ; 17. b ; 18. c ; 19. b et d. ; 20. c.

PARTIE 2

La commune

FICHE 10 HISTOIRE ET GÉNÉRALITÉS

Les communes ont été créées par la loi du 14 décembre 1789, qui précise que « les corps municipaux auront deux espèces de fonctions à remplir ; les unes propres au pouvoir municipal ; les autres propres à l'administration générale de l'État et déléguées par elles aux municipalités » : c'est l'origine de la « double compétence » du maire, à la fois élu décentralisé et représentant déconcentré de l'État. Les membres du conseil départemental de la commune (ancien nom du conseil municipal) et le maire sont à l'époque élus pour deux ans.

REMARQUE DU FORMATEUR :
La délimitation des 36 744 communes est calquée sur celle des 44 000 paroisses constituées au Moyen Âge : c'est pour cette raison que la France possède, à elle seule, près de 40 % des communes de l'Union européenne ! L'Allemagne ne compte que 11 000 communes (13 %), l'Espagne (9 %) et l'Italie environ 8 000 (9 %), la France et la République tchèque (7 %) regroupant à eux seuls 80 % des communes de l'Union !

FICHE 10

- La loi du 18 juillet 1837 attribue aux communes la personnalité juridique : elles deviennent des personnes morales de droit public.

- La loi du 5 avril 1884 attribue aux communes « la clause générale de compétence » qui les autorise à intervenir dans tous les domaines nécessaires pour satisfaire un intérêt public (ce qui autorise certaines communes à gérer une auberge, une boulangerie, à ouvrir un cabinet médical, etc.).

- La loi n° 2014-58 du 27 janvier 2014 de modernisation de l'action publique territoriale et d'affirmation des métropoles est venue renforcer les compétences des communes en en faisant une collectivité chef de file pour l'exercice de certaines compétences. L'article L 1111-9 du CGCT dispose que « la commune ou l'établissement public de coopération intercommunale à fiscalité propre auquel elle a transféré ses compétences est chargé d'organiser, en qualité de chef de file, les modalités de l'action commune des collectivités territoriales et de leurs établissements publics pour l'exercice des compétences relatives :
– à la mobilité durable ;
– à l'organisation des services publics de proximité ;
– à l'aménagement de l'espace ;
– au développement local. »

FICHE 11 LES ÉLECTIONS MUNICIPALES

Les 36 744 communes de France sont administrées par un conseil municipal élu pour six ans par les électeurs, au suffrage universel direct, lors d'un scrutin de liste majoritaire ou proportionnel à deux tours.

- Les élections municipales sont organisées le même jour dans toute la France : un conseil municipal élu lors d'élections municipales partielles est élu jusqu'aux prochaines élections (son mandat peut donc être très inférieur à six ans).
- **Le conseil municipal est composé du maire, de ses adjoints et des autres conseillers municipaux** (CGCT, art. L. 2121-1) : il y a au minimum sept conseillers dans les communes de moins de 100 habitants, et au maximum soixante-neuf dans les communes de plus de 300 000 habitants (CGCT, art. L. 2121-2), soit environ 536 000 conseillers municipaux en France.
- Les **villes de Paris, Lyon et Marseille** ont un **statut particulier**.

1. Le nombre de conseillers municipaux

Nombre d'habitants par communes	Nombre de conseillers municipaux
Communes de moins de 100 habitants	7 élus
Communes de 100 à 499 habitants	11 élus
Communes de 500 à 1499 habitants	15 élus
Communes de 1 500 à 2499 habitants	19 élus
Communes de 2 500 à 3499 habitants	23 élus
Communes de 3 500 à 4999 habitants	27 élus
Communes de 5 000 à 9999 habitants	29 élus
Communes de 10 000 à 19 999 habitants	33 élus
Communes de 20 000 à 29 999 habitants	35 élus
Communes de 30 000 à 39 999 habitants	39 élus
Communes de 40 000 à 49 999 habitants	43 élus
Communes de 50 000 à 59 999 habitants	45 élus
Communes de 60 000 à 79 999 habitants	49 élus
Communes de 80 000 à 99 999 habitants	53 élus
Communes de 100 000 à 149 999 habitants	55 élus
Communes de 150 000 à 199 999 habitants	59 élus
Communes de 200 000 à 249 999 habitants	61 élus
Communes de 250 000 à 299 999 habitants	65 élus
Communes de 300 000 et au-dessus	69 élus

CONSEIL DU FORMATEUR :
Informez-vous sur la commune dans laquelle vous habitez : combien a-t-elle d'habitants, combien y a-t-il de conseillers municipaux, d'adjoints au maire ?

2. Deux modes de scrutin

• La loi électorale du 19 novembre 1982 prévoit deux modes de scrutin :
– le scrutin majoritaire, plurinominal, de liste, à deux tours, dans les communes de moins de 3 500 habitants (avec des règles particulières pour les communes de moins de 2 500 habitants) ;
– le scrutin de liste (mixte, à la fois proportionnel et majoritaire), à deux tours, dans les communes de plus de 3 500 habitants.
Elle a été modifiée par la loi n° 2013-403 du 17 mai 2013 relative à l'élection des conseillers départementaux, des conseillers municipaux et des conseillers communautaires, et modifiant le calendrier électoral, qui a modifié l'organisation des scrutins municipaux, intercommunaux et départementaux.

• **Dans les communes de moins de 1 000 habitants**, l'élection des conseillers municipaux se déroule au scrutin majoritaire plurinominal à deux tours, avec panachage.

Le panachage permet aux électeurs de ne pas respecter les listes de candidats et de voter pour des candidats issus de listes différentes.

Les candidats sont élus dès le premier tour s'ils obtiennent la **majorité absolue** des suffrages exprimés et le vote d'au moins un quart des électeurs inscrits (au second tour, la **majorité relative** suffit).
Si plusieurs candidats obtiennent le même nombre de voix alors qu'il ne reste qu'un siège, le plus âgé est élu.
Depuis la réforme de 2013, une déclaration de candidature en préfecture ou sous-préfecture est obligatoire : on ne peut plus être élu si on n'est pas candidat (c'était possible avant la réforme dans les communes de moins de 3 500 habitants). Les candidatures isolées et les listes incomplètes sont autorisées, les suffrages sont comptabilisés individuellement.

• **Dans les communes de plus de 1 000 habitants**, l'élection des conseillers municipaux se déroule au scrutin de liste à deux tours avec représentation proportionnelle : les candidats doivent présenter des listes complètes (avec autant de candidats que de sièges à pourvoir). Il est interdit de modifier le bulletin de vote (ni adjonction, ni suppression, ni modification de l'ordre de présentation).

La loi n° 2000-493 du 6 juin 2000 favorise l'égal accès des femmes et des hommes aux mandats électoraux. Elle imposait des règles de parité homme/femme aux élections municipales des communes de plus de 3 500 habitants (autant de candidats que de candidates) : depuis la loi du 17 mai 2013 relative à l'élection des conseillers départementaux, des conseillers municipaux et des conseillers communautaires, ces règles s'appliquent dans les communes de plus de 1 000 habitants.

Les candidats sont élus dès le premier tour s'ils obtiennent la **majorité absolue** (au second tour, la **majorité relative** suffit).
Les listes qui ont obtenu au moins 10 % des suffrages exprimés au premier tour peuvent se maintenir au second tour.
Les candidats d'une liste qui a obtenu plus de 5 % des suffrages exprimés peuvent figurer sur une autre liste (on parle alors de « ralliement » ou de « fusion des listes »), ce qui peut amener à modifier l'ordre de présentation des candidats (en respectant l'alternance homme/femme).

Les suffrages exprimés ne tiennent pas compte des bulletins blancs, ou nuls (comportant un commentaire, un dessin, etc.).

REMARQUE DU FORMATEUR :
Il n'est obligatoire de présenter une pièce d'identité que dans les communes de plus de 1 000 habitants ! Il n'est jamais obligatoire de présenter sa carte d'électeur, une pièce d'identité suffit à celui qui est inscrit sur les listes électorales. Les pièces d'identité acceptées sont fixées par un arrêté du 24 septembre 1998 : la carte nationale d'identité (CNI) et le passeport (qui peuvent être périmés), la carte du combattant (couleur chamois ou tricolore), la carte d'invalidité civile ou militaire, la carte d'identité de fonctionnaire, la carte d'identité ou carte de circulation délivrée par les autorités militaires des armées de terre, de mer ou de l'air, le permis de conduire, le permis de chasser et le titre de réduction de la SNCF, en cours de validité, avec photographie.

3. La répartition des sièges

Les élections municipales des communes de plus de 1 000 habitants se déroulent au **scrutin majoritaire avec une dose proportionnelle** : la moitié des sièges à pourvoir (arrondie si nécessaire à l'entier supérieur) est attribuée d'office à la liste qui a obtenu le plus de voix ; l'autre moitié des sièges est répartie entre les listes présentes au second tour (seules celles qui ont obtenu plus de 5 % des suffrages exprimés sont concernées). La moitié des sièges attribués d'office est appelée « prime majoritaire » (le même principe existe au conseil régional, mais la prime n'est que d'un quart des sièges).

Régime particulier de Paris, Lyon, Marseille selon la loi PLM (loi n° 82-1169 du 31 décembre 1982). Dans ces trois villes de France, les plus peuplées (Toulouse, Nice et Nantes occupent les quatrième, cinquième et sixième places), l'élection se fait par secteur électoral, avec les mêmes règles que pour les communes de plus de 1 000 habitants : à Paris et à Lyon, les secteurs correspondent aux arrondissements ; à Marseille, chacun des 8 secteurs regroupe deux arrondissements.

Exemple : la prime majoritaire

- Les élections municipales ont lieu dans une commune de 125 000 habitants, dont le conseil municipal est composé de 55 élus (communes de 100 000 à 149 999 habitants) : six listes s'affrontent au premier tour.

- Au premier tour, la liste A obtient 33 %, la liste B 22 %, la liste C 19 %, la liste D 13 %, la liste E 11 %, la liste F 2 %.

- Seules les cinq premières listes peuvent se maintenir au second tour : il faut avoir obtenu au moins 10 % des suffrages exprimés.

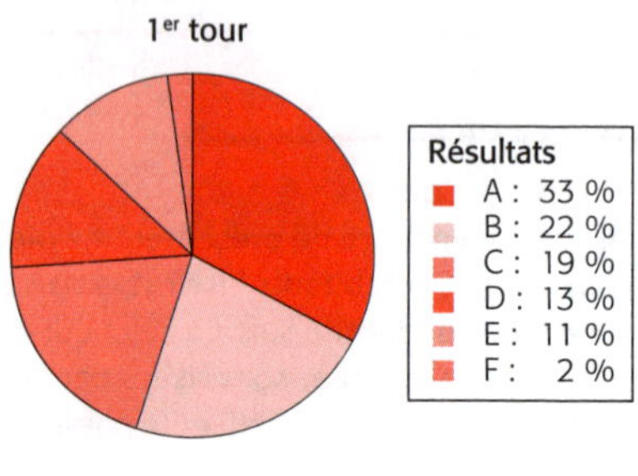

La liste A obtient d'office la moitié des 55 sièges, soit 28 sièges : c'est la prime majoritaire.
La liste A obtient en plus 35 % des 27,5 sièges restants, soit 10 sièges.
La liste A obtient donc en tout 38 sièges sur 55 disponibles : elle dispose de la majorité absolue.
La liste B obtient 27 % des 27,5 sièges restants, soit 7 sièges.

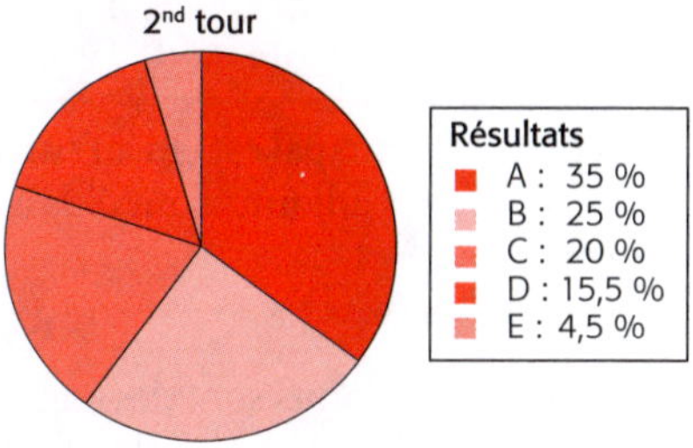

La liste C obtient 20 % des 27,5 sièges restants, soit 6 sièges.
La liste D obtient 15,5 % des 27,5 sièges restants, soit 4 sièges.
La liste E qui n'obtient pas 5 % des suffrages n'obtient aucun siège.

L'élection des conseillers communautaires.

Depuis les élections municipales de 2014, les délégués de la commune au sein du conseil des structures intercommunales à fiscalité propre (communautés de communes, communautés d'agglomération, syndicats d'agglomération nouvelle, communautés urbaines et métropoles) sont élus lors des élections municipales. Chaque commune est représentée au conseil communautaire par un nombre de représentants, calculé selon l'importance de sa population.
Dans les communes de moins de 1 000 habitants, les représentants de la commune au conseil communautaire sont les membres du conseil municipal, désignés dans l'ordre du tableau (maire, puis adjoints, puis conseillers municipaux).
Dans les communes de plus de 1 000 habitants, les conseillers communautaires sont élus en même temps que les conseillers municipaux : la liste des candidats au conseil municipal et celle des candidats au conseil communautaire doivent apparaître sur un seul et même bulletin (on parle alors de « scrutin fléché »).
Les représentants des communes dans les structures intercommunales sans fiscalité propre (SIVU, SIVOM, syndicat mixte) continuent à être élus par chaque conseil municipal.

FICHE 12 L'ÉLECTION DU MAIRE ET DE SES ADJOINTS

Le conseil municipal est élu au suffrage universel direct par les électeurs. Le maire et ses adjoints sont élus à leurs postes au suffrage universel indirect.

Le maire et ses adjoints sont des conseillers municipaux : ils sont d'abord élus au conseil municipal par les électeurs puis à leur poste, par le conseil municipal.
Le maire peut être comparé à un président et ses adjoints à des vice-présidents : le principe est à peu près le même pour toutes les assemblées, conseil départemental, conseil régional, Assemblée nationale et Sénat.

- **Il faut avoir 18 ans pour se présenter aux élections municipales** (depuis le 5 avril 2000, 21 ans auparavant, code élect., art. L. 228).
Il faut être de nationalité française ou citoyen de l'un des 28 pays de l'Union européenne.
Il faut être domicilié dans la commune, ou y habiter depuis au moins six mois, ou y payer ses impôts directs (code élect., art. L. 228).

- Le candidat ne peut être inscrit dans plus d'une circonscription électorale (code élect., art. L. 263), ni sur plus d'une liste, ni dans plusieurs arrondissements des communes de Paris, Lyon et Marseille.

Dans les communes de moins de 100 habitants, le nombre des conseillers municipaux ne résidant pas dans la commune au moment de l'élection ne peut être supérieur à 4 et, dans les communes de 100 à 499 habitants, à 5. Dans les communes de 500 à 1 000 habitants, ce nombre ne peut excéder le quart des membres du conseil municipal (article L. 228 du Code électoral).

1. Inéligibilité et incompatibilités

- L'inéligibilité peut être absolue ou relative.

- Sont frappés d'inéligibilité absolue, dans les conditions fixées par la loi :
– les individus privés de leur droit électoral par une décision de justice (condamnation à une peine d'inéligibilité, complémentaire d'une peine d'amende et/ou d'emprisonnement) ;
– les majeurs sous tutelle ou sous curatelle (les majeurs sous curatelle peuvent

néanmoins voter, les majeurs sous tutelle aussi, depuis la loi du 5 mars 2007, sauf si le juge a spécifié le contraire dans son ordonnance).

- Sont frappés d'inéligibilité absolue pour une durée d'un an :
– les conseillers municipaux démissionnaires d'office,
– les maires et adjoints révoqués,
– les élus n'ayant pas déposé leur situation patrimoniale,
– les maires n'ayant pas déposé leurs comptes de campagne,
– les élus dont les comptes de campagne ont été rejetés (Code élect., art. L. 234).

- Sont frappés d'inéligibilité relative :
– le Contrôleur général des lieux de privation de liberté « ne peut être candidat à un mandat de conseiller municipal » pendant la durée de ses fonctions, sauf s'il exerçait ce mandat « antérieurement à sa nomination » (Code élect., art. L. 230-1) ;
– le Défenseur des droits « ne peut être candidat à un mandat de conseiller municipal pendant la durée de ses fonctions » (Code élect., art. LO 230-3) ;
– les préfets, sous-préfets, secrétaires généraux et directeurs de cabinet de préfet, certains agents des préfectures et sous-préfectures,
– les magistrats et les membres de tribunaux,
– les fonctionnaires des corps actifs de la police nationale,
– les comptables de deniers communaux,
– les entrepreneurs de services municipaux,
– certains agents des conseils généraux et régionaux, les agents salariés de la commune, les agents recenseurs de la commune,
– certains agents de l'État chargés de la voirie,
– certains officiers de l'armée de terre, de mer et de l'air (Code élect., art. L. 231).

Remarque du formateur :
Un article qui commence par LO provient d'une loi organique.

- L'inéligibilité relative est valable pendant une certaine durée, à certains endroits (dans le département où le préfet a exercé, par exemple).

- L'inéligibilité est susceptible de rendre nulle l'élection, mais l'incompatibilité empêche l'élu d'exercer son mandat : elle est en général liée aux activités professionnelles (préfets, sous-préfets, secrétaires de préfecture, policiers, militaires, magistrats, conciliateurs…).

2. L'élection du maire et de ses adjoints

• **Le conseil municipal, convoqué par le maire sortant, procède à l'élection du maire, à scrutin secret et à la majorité absolue** (CGCT, art. L. 2122-4).

• **Les candidats à l'élection de maire et d'adjoints doivent être membres du conseil municipal** (CGCT, art. L. 2122-4).

• La séance est présidée par le doyen de l'assemblée, c'est-à-dire le conseiller municipal le plus âgé (puisqu'il n'y a pas encore de maire élu).

• L'élection du maire a lieu au plus tard le dimanche qui suit le jour de scrutin (CGCT, art. L. 2122-4). Elle a lieu, au plus tôt le mercredi qui suit l'élection du conseil municipal (dans les communes de moins de 3 500 habitants), ou au plus tôt le vendredi (dans les communes de plus de 3 500 habitants).

• Si, après deux tours de scrutin, aucun candidat n'a obtenu la majorité absolue, il est procédé à un troisième tour : l'élection a alors lieu à la majorité relative.

• En cas d'égalité de suffrages, le candidat le plus âgé est déclaré élu (CGCT, art. L. 2122-7).

• **Le quorum est le même que lors d'une séance normale du conseil municipal : si, faute de quorum, une seconde réunion doit être convoquée**, elle l'est par l'ancien maire, pas par le doyen d'âge, qui ne fait que présider la séance.

• Le conseil municipal fixe par délibération (CGCT, art. L. 2122-3) le nombre d'adjoints au maire : il ne peut pas être inférieur à un, ni dépasser 30 % de l'effectif légal du conseil municipal (CGCT, art. L. 2122-2). Il procède ensuite à leur élection, sans leur attribuer de délégation.

• Depuis le 28 février 2002, « dans les communes de 80 000 habitants et plus, la limite fixée à l'article L. 2122-2 peut donner lieu à dépassement en vue de la création de postes d'adjoints chargés principalement d'un ou plusieurs quartiers, sans toutefois que le nombre de ceux-ci puisse excéder 10 % de l'effectif légal du conseil municipal » (CGCT, art. L. 2122-2-1). Cette disposition s'inscrit dans la logique de la **démocratie de proximité**.

• Il existe une dérogation, assez rarement utilisée, à la règle des 30 % : « lorsqu'un obstacle quelconque ou l'éloignement rend difficiles, dangereuses, ou momentanément impossibles les communications entre le chef-lieu et une fraction de commune, un poste d'adjoint spécial peut être institué par délibération motivée du conseil municipal » (CGCT, art. L. 2122-3). Cet adjoint spécial ne peut avoir d'autres fonctions que celles d'officier de l'état civil et d'agent chargé de l'exécution des lois et des règlements. Il permet d'assurer la continuité de l'action de l'État.

3. La nomination des adjoints

- **Une fois élus par le conseil municipal, les adjoints doivent recevoir du maire une délégation.**

- En effet, si « le maire est seul chargé de l'administration [...], il peut, sous sa surveillance et sa responsabilité, déléguer, par arrêté, une partie de ses fonctions à un ou plusieurs de ses adjoints et, en l'absence ou en cas d'empêchement des adjoints ou dès lors que ceux-ci sont tous titulaires d'une délégation à des membres du conseil municipal » (CGCT, art. L. 2122-18).

- Lorsque le maire retire, par arrêté, la délégation d'un adjoint, le conseil municipal se prononce sur son maintien dans ses fonctions d'adjoint : on peut en effet être adjoint au maire sans exercer de délégation.
La rémunération prévue pour les adjoints ne peut alors pas être versée.

Les fonctions de maire, d'adjoint et de conseiller municipal sont bénévoles (CGCT, art. L. 2123-17), **elles donnent néanmoins lieu au versement d'indemnités de fonction destinées à compenser les frais engagés par les élus.**

Le conseil municipal détermine librement le montant des indemnités versées au maire, aux adjoints et aux conseillers municipaux, dans la limite du montant maximum fixé par la loi (CGCT, art. L. 2123-23) : il correspond à un pourcentage de l'indice 1015 (lui-même fixé à 3 801,47 euros depuis le 1er juillet 2010).

FICHE 13 LE CAS PARTICULIER DE PARIS, LYON, MARSEILLE

• La loi qui règle le statut spécifique de Paris, Lyon et Marseille (CGCT, art. L. 2511-1 à L. 2511-45) s'appelle la loi PLM.
Elle a été promulguée le 31 décembre 1982 et s'inscrit dans le processus de décentralisation.
Elle crée les conseils d'arrondissement, présidés par les maires d'arrondissement, élus au sein du conseil d'arrondissement.
Le conseil d'arrondissement élit le conseil municipal qui élit le maire de la ville.

• Paris, Lyon et Marseille ont des conseils municipaux composés respectivement de 163 élus pour 20 arrondissements (à Paris), 73 élus pour 9 arrondissements (à Lyon), et 101 élus pour 16 arrondissements (à Marseille)

1. La ville de Paris

• Le 1er janvier 1860, onze communes ont été annexées à la capitale : Auteuil, Passy, Les Batignolles, Montmartre, La Chapelle, La Villette, Belleville, Charonne, Bercy, Vaugirard et Grenelle. Paris est alors passé de 12 à 20 arrondissements, et sa superficie a doublé pour atteindre 7 802 hectares.

• La loi du 31 décembre 1975 a instauré un conseil de Paris et un maire de Paris : Jacques Chirac a été élu le 20 mars 1977, il était le premier maire de Paris depuis la Commune (du 18 mars au 5 juin 1871).
Il n'y a pas eu de maire de Paris entre 1794 et 1848, après que Jean-Baptiste Fleuriot-Lescot a été décapité le 27 juillet 1794, deux maires se sont ensuite succédé, du 24 février au 19 juillet 1848, puis encore deux, Étienne Arago et Jules Ferry, du 4 septembre 1870 au 5 juin 1871.
Le conseil municipal de Paris a les attributions d'un conseil municipal (à la tête de la commune) et d'un conseil départemental (à la tête du département) depuis la loi du 10 juillet 1964 sur la réorganisation de la région parisienne (entrée en vigueur le 1er janvier 1968) : il n'y a néanmoins ni cantons ni élections cantonales à Paris.

REMARQUE DU FORMATEUR :
La Ville de Paris constitue, à elle seule, un établissement public territorial (EPT) de la métropole du Grand Paris (MGP) créée le 1er janvier 2016.

2. Les élections municipales à Paris, Lyon et Marseille

- Elles se déroulent par arrondissement : les Parisiens élisent les 517 conseillers d'arrondissement qui siègent dans les 20 arrondissements ; les Lyonnais, 221 dans les 9 arrondissements ; et les Marseillais, 303 dans les 16 arrondissements.
Le nombre de conseillers varie en fonction du nombre d'habitants par arrondissement : ils ne sont que 13 élus dans le 3e et le 4e arrondissement de Paris, mais 51 dans le 15e arrondissement, le plus peuplé de la capitale.

- Une partie des conseillers d'arrondissement devient ensuite conseillers de Paris.

- Chaque conseil d'arrondissement envoie au conseil municipal de Paris un nombre de conseillers qui dépend du nombre d'habitants dans l'arrondissement : quand le 15e arrondissement nomme 17 conseillers de Paris, les 1er et 2e arrondissements n'en nomment chacun que 3. Le maire de Paris est donc élu par le conseil municipal de Paris, composé de conseillers d'arrondissements devenus conseillers de Paris.

- C'est le même principe à Lyon et à Marseille : parmi les 24 élus du 2e arrondissement de Marseille, 8 siègeront à la fois au conseil d'arrondissement et au conseil municipal, ils participeront donc à l'élection du maire de Marseille et du maire de leur arrondissement.

- Les conseils d'arrondissement élisent les maires d'arrondissement huit jours après le scrutin qui a permis d'élire le maire de la ville. Les conseils d'arrondissement désignent, parmi les conseillers d'arrondissement, un ou plusieurs adjoints, selon les règles identiques au conseil municipal. L'un des adjoints au moins doit être conseiller municipal.

- Le conseil d'arrondissement est composé de deux tiers de conseillers d'arrondissement et d'un tiers de conseillers municipaux : élus dans l'arrondissement, ils siègent également au conseil municipal. Il y a par exemple 27 conseillers dans le 7e arrondissement de Lyon, dont 9 siègent à la fois au conseil municipal de Lyon et au conseil de leur arrondissement. Leurs 18 collègues ne siègent qu'au conseil d'arrondissement.

• Les fonctions de maire de la commune et de maire d'arrondissement sont incompatibles, mais le maire d'arrondissement devient systématiquement conseiller municipal ou adjoint au maire de la ville.
Les maires et les conseillers d'arrondissements ne sont pas officiers de police judiciaire (OPJ), mais ils sont officiers d'état civil dans leur arrondissement, ils peuvent même exercer leurs fonctions d'officier de l'état civil sur l'ensemble du territoire de la commune.

3. Le fonctionnement du conseil municipal de Paris, Lyon et Marseille

• Les conseils municipaux de Paris, Lyon et Marseille fonctionnent comme n'importe quel conseil municipal. Le maire de Paris et ses adjoints ne sont pas officiers de police judiciaire (OPJ), les maires de Lyon et Marseille sont OPJ, ainsi que leurs adjoints. Le préfet de police de Paris dispose à Paris de la quasi-totalité des pouvoirs de police du maire de Paris (il n'y a de préfet de police qu'à Paris, où il n'y a pas de préfet).

• Les conseils d'arrondissements ont souvent un rôle quasi consultatif, ils sont néanmoins chargés, dans leur arrondissement, des attributions habituelles d'état civil et d'affaires scolaires. Ils gèrent directement quelques équipements de proximité.

FICHE 14 LA MÉTROPOLE DU GRAND PARIS

REMARQUE DU FORMATEUR :
Créée par la loi du 27 janvier 2014 de modernisation de l'action publique territoriale et d'affirmation des métropoles (MAPTAM) et confirmée par la loi NOTRe, elle a vu le jour le 1er janvier 2016 : dotée de quatre grandes compétences (dont deux lui seront transférées en 2017), elle va s'organiser en 12 territoires dont les périmètres ont été fixés par un décret en Conseil d'État.

• La métropole du Grand Paris regroupera Paris et les 124 communes des 3 départements de petite couronne (Hauts-de-Seine, Seine-Saint-Denis et Val-de-Marne), soit près de 7 millions d'habitants. Elle se substituera aux 19 EPCI à fiscalité propre qui existent en petite couronne. Elle pourra être rejointe par des communes de la grande couronne (c'est déjà le cas d'Argenteuil, dans le Val-d'Oise).

Dix décrets en Conseil d'État (de 2015-1655 à 2015-1665) du 11 décembre 2015 fixent le périmètre et le siège des 12 territoires de la métropole du Grand Paris.

1. L'exécutif

• La métropole sera gouvernée par un **conseil métropolitain** constitué de 209 **conseillers métropolitains** élus au sein des conseils municipaux, au scrutin proportionnel (selon le nombre d'habitants), avec au minimum un conseiller par commune. Le président de la métropole du Grand Paris (MGP) sera élu par les conseillers métropolitains, à la majorité absolue.

• Une **assemblée des maires**, comprenant l'ensemble des maires des communes membres se réunira une fois par an pour débattre du programme d'action et du rapport d'activité.

• Chacun des **12 territoires** (voir carte) sera administré par un **conseil de territoire** composé de **conseillers territoriaux** élus au sein des conseils municipaux (ils seront 1 054) : le conseil métropolitain est chargé des aspects stratégiques, et les conseils de territoires, à la tête d'un **établissement public territorial** (EPT), des aspects opérationnels.

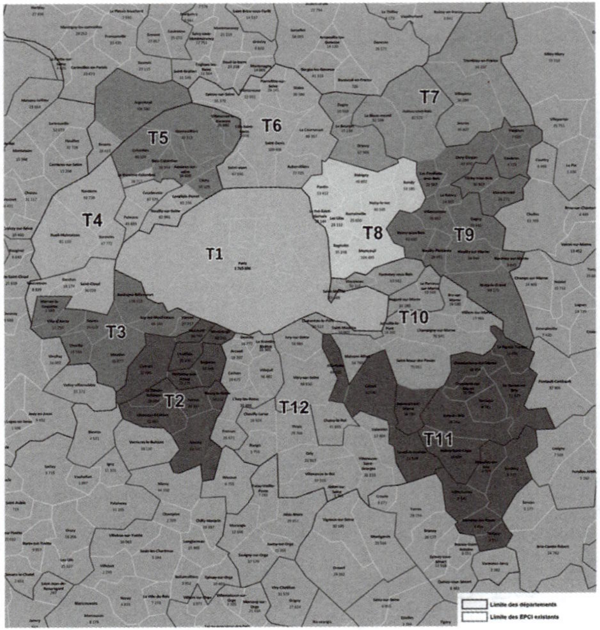

	Nbre de communes	Population totale INSEE 2012	Superficie (km²)	Conseillers métropolitains	Nbre cons. territoriaux
T1-	1	2 265 886	105,4	62	163
T2 -	11	394 997	47,0	11	80
T3 - GPSO	8	314 621	36,7	10	73
T4 – Paris Ouest La Défense	11	568 139	59,4	14	90
T5 -	7	434 977	49,7	10	80
T6- Plaine Commune	9	414 806	47,4	12	80
T7 -	8	349 133	78,1	9	72
T8 - Est Ensemble	9	402 477	39,2	10	80
T9 -	14	385 323	71,6	14	80
T10 -	13	505 372	56,3	15	90
T11 -	16	306010	99,80	17	74
T12 -	24	677874	123,60	25	92

Carte des Territoires

Décrets 11 décembre 2015

Métropole du Grand Paris
Mission de préfiguration

2. Compétences

• Les **12** EPT sont dotés de l'ensemble des compétences des EPCI préexistants, ainsi que de celles fixées par la loi (politique de la Ville, eau, assainissement, gestion des déchets) ; certains géreront des équipements culturels et sportifs, ainsi que l'action sociale.

• Les EPT devront également élaborer un plan climat air énergie compatible avec celui de la métropole, ainsi qu'un plan local d'urbanisme intercommunal (PLUI) qui devra être soumis pour avis à la métropole et qui devra être compatible avec le Scot métropolitain lorsqu'il aura été adopté, et avec le plan métropolitain de l'habitat et de l'hébergement.

• La métropole disposera d'une dotation globale de fonctionnement de l'État (DGF) et d'une fiscalité propre pour se financer (taxes économiques).

• Les territoires disposeront également d'une fiscalité propre (cotisation foncière des entreprises) jusqu'en 2020 ; après 2020, la CFE sera versée directement à la MGP, qui financera ses territoires. Les territoires seront aussi financés par des contributions communales assises sur la fiscalité des ménages et par une dotation de soutien à l'investissement territorial (DSIT), versée par la métropole.

• La MGP dispose de quatre grandes compétences :
– aménagement de l'espace métropolitain (au 1er janvier 2017) : elle devra élaborer (probablement courant 2018) un schéma de cohérence territoriale (Scot) ;
– politique locale de l'habitat (au 1er janvier 2017) : elle devra élaborer un plan métropolitain de l'habitat et de l'hébergement (PMHH) ;
– développement économique ;
– protection de l'air et de l'environnement : elle va élaborer un plan climat air énergie territorial et sera chargée de mettre en cohérence les réseaux de distribution d'électricité, de gaz, de chaleur et de froid.

Certaines compétences opérationnelles (aménagements, constitution de réserves foncières, création de zones d'activité, etc.) ne seront exercées par la métropole que si elles sont reconnues d'intérêt métropolitain (l'intérêt métropolitain et l'intérêt de chaque territoire doit être défini avant le 31 décembre 2017).

FICHE 15 LE FONCTIONNEMENT DU CONSEIL MUNICIPAL

Le conseil municipal doit se réunir obligatoirement au moins une fois par trimestre (CGCT, art. L. 2121-7), mais le maire peut le réunir à chaque fois qu'il le juge utile.

1. La convocation du conseil municipal

• **Le maire, seul, a le pouvoir de convoquer le conseil municipal :**
– la convocation est adressée trois jours francs au moins avant celui de la réunion (dans les communes de moins de 3 500 habitants), mais « le délai peut être abrégé par le maire, sans pouvoir être toutefois inférieur à un jour franc » (CGCT, art. L. 2121-11) ;
– la convocation est adressée cinq jours francs au moins avant celui de la réunion (dans les communes de plus de 3 500 habitants), mais « le délai peut être abrégé par le maire sans pouvoir être toutefois inférieur à un jour franc » (CGCT, art. L. 2121-12).

Remarque du formateur :
Un jour franc est une durée de 24 heures qui commence à courir à la fin du jour où est prise la décision : le temps restant avant le lendemain zéro heure n'est pas compté dans le délai. Il ne faut pas confondre jour franc, jour ouvré et jour ouvrable : tous les jours de la semaine sont des jours ouvrables, sauf le dimanche et les jours fériés, les jours ouvrés sont les jours normalement travaillés dans l'entreprise (la formule ne s'emploie qu'en droit du travail).

• Le maire doit également convoquer le conseil municipal « dans un délai maximal de trente jours » (CGCT, art. L. 2121-9) :
– si le préfet le lui demande ;
– si le tiers au moins des membres du conseil municipal en exercice le lui demande (dans les communes de plus de 3 500 habitants) ;
– si la majorité des membres du conseil municipal le lui demande (dans les communes de moins de 3 500 habitants).

Les seuils seront de 1 000 habitants (moins de 1 000/plus de 1 000) à compter du 1er mars 2020 (loi 2015-991 du 7 août 2015 portant nouvelle organisation territoriale de la République).

• La convocation, faute de nullité, doit préciser l'ordre du jour : seules les questions prévues à l'ordre du jour pourront être abordées (CGCT, art. L. 2121-10). Les questions de moindre importance peuvent être regroupées sous l'intitulé générique de « questions diverses ».

2. Le maire préside le conseil municipal

• Le conseil municipal est présidé par le maire ou, à défaut, par celui qui le remplace (CGCT, art. L. 2121-14), sauf « dans les séances où le compte administratif du maire est débattu » : le conseil municipal élit alors son président, « le maire peut […] assister à la discussion, mais il doit se retirer au moment du vote ».

• Le compte administratif du maire est le résultat de l'exécution, par le maire, des budgets votés par le conseil municipal, qui le contrôle une fois par an (CGCT, art. L. 2121-31), au plus tard le 1er juin de l'année suivant l'exercice (code des juridictions financières, art. L. 232-11).

• Le maire a seul « la police de l'assemblée » (CGCT, art. L. 2121-16) : il « peut faire expulser de l'auditoire ou arrêter tout individu qui trouble l'ordre […], en cas de crime ou de délit, il en dresse un procès-verbal et le procureur de la République en est immédiatement saisi ». Il donne et reprend la parole, il décide de l'ordre du jour.

3. Le conseil municipal délibère

• **Le conseil municipal ne délibère valablement que lorsque la majorité de ses membres en exercice est présente ou représentée** (CGCT, art. L. 2121-17) : **on appelle ce principe « le quorum »**. Lorsque le quorum n'est pas atteint, l'assemblée ne peut pas délibérer valablement.

• On retrouve le principe du quorum au Sénat ou à l'Assemblée nationale (c'est la majorité des membres élus), dans les assemblées générales de n'importe quelle association, de n'importe quelle assemblée de copropriétaires.

• Si le quorum n'est pas atteint au conseil municipal, malgré le respect de la forme et des délais de convocation, le conseil municipal est à nouveau convoqué à trois jours au moins d'intervalle : il délibère alors valablement sans condition de quorum.

• Le conseil municipal nomme, en début de séance, un ou plusieurs de ses membres pour remplir les fonctions de secrétaire (CGCT, art. L. 2121-15).

• Les délibérations du conseil municipal sont prises à la majorité absolue des suffrages exprimés (CGCT, art. L. 2121-20), mais « lorsqu'il y a partage égal des voix et sauf cas de scrutin secret, la voix du président est prépondérante ».

4. Le règlement intérieur

Les communes de plus de 3 500 habitants (1 000 habitants au 1er mars 2020) doivent, dans les six mois qui suivent l'installation de leur conseil municipal, se doter d'un règlement intérieur (CGCT, art. L. 2121-8). Il n'est que facultatif dans les autres communes. Le règlement intérieur est transmis au préfet.

5. La publicité des débats du conseil municipal

• Les séances du conseil municipal sont publiques (CGCT, art. L. 2121-18). Elles « peuvent être retransmises par les moyens de communication audiovisuelle », néanmoins, « sur la demande de trois membres ou du maire, le conseil municipal peut décider, sans débat, à la majorité absolue des membres présents ou représentés, qu'il se réunit à huis clos ».

• Le compte-rendu de la séance est, de toutes manières, affiché dans la huitaine (CGCT, art. L. 2121-25) : on appelle cela « la publicité des débats » (les débats dont publiés).

• Tout citoyen peut demander communication des procès-verbaux du conseil municipal, des budgets et des comptes de la commune et des arrêtés municipaux (CGCT, art. L. 2121-26).

> Toute communication de documents administratifs se fait éventuellement aux frais du demandeur (photocopies, affranchissement) : c'est le rôle de la Cada (Commission d'accès aux documents administratifs) de vérifier que cette obligation est respectée.

6. Le bureau municipal

Le bureau municipal est composé du maire et de ses principaux adjoints, parfois, de tous ses adjoints : c'est un organe de réflexion, d'orientation, d'étude et de préparation des décisions. Il assiste le maire, qui le préside, dans ses fonctions d'exécutif local. Il définit les orientations politiques et stratégiques de la commune. Il se réunit généralement toutes les semaines, pour régler les affaires courantes de la commune et préparer les décisions du conseil municipal. Il veille ensuite à l'exécution de ses décisions.

7. Les commissions municipales

Le conseil municipal peut former, au cours de chaque séance, « des commissions chargées d'étudier les questions soumises au conseil soit par l'administration, soit à l'initiative d'un de ses membres » (CGCT, art. L. 2121-22). Elles sont « convoquées par le maire, qui en est le président de droit, dans les huit jours qui suivent leur nomination, ou à plus bref délai sur la demande de la majorité des membres qui les composent [...] ; les commissions désignent un vice-président qui peut les convoquer et les présider si le maire est absent ou empêché ». Précisons que, « dans les communes de plus de 1 000 habitants (depuis le 23 mars 2014), la composition des différentes commissions, y compris les commissions d'appel d'offres et les bureaux d'adjudications, doit respecter le principe de la représentation proportionnelle pour permettre l'expression pluraliste des élus au sein de l'assemblée communale ».

FICHE 16 LA DÉMISSION OU LE DÉCÈS DU MAIRE ET DE SES ADJOINTS

Le maire et ses adjoints peuvent démissionner :
– de leurs fonctions de maire ou d'adjoint ;
– du conseil municipal.

1. La démission et le décès du maire

• La démission du maire est adressée au préfet du département : elle devient définitive s'il l'accepte. Le préfet peut refuser la démission du maire, mais elle deviendra effective un mois après un second envoi en lettre recommandée avec accusé de réception.
Le maire continue ses fonctions jusqu'à l'élection de son successeur, sauf les cas d'incompatibilités, de suspension, de révocation ou de mise en place de la délégation spéciale.

• En cas d'incompatibilités (cumul de mandats, peine d'inéligibilité), de suspension ou de révocation, le maire est provisoirement remplacé par un adjoint (dans l'ordre des nominations) ou par un conseiller municipal, désigné par le conseil ou pris dans l'ordre du tableau.
Le conseil doit se réunir dans les quinze jours qui suivent la cessation de fonction du maire pour élire son successeur.

• Le maire qui démissionne de ses fonctions de maire redevient conseiller municipal : une nouvelle élection est alors organisée au sein du conseil municipal pour élire un nouveau maire parmi les conseillers municipaux.

• Le maire qui décède pendant son mandat ou qui démissionne du conseil municipal est remplacé au poste de maire lors d'une nouvelle élection au sein du conseil municipal.
Un nouveau maire est élu parmi les conseillers municipaux, après que le conseiller suivant dans l'ordre du tableau a rejoint le conseil municipal dans lequel un siège est vacant.
Le premier adjoint est alors chargé de convoquer le conseil.

• Il arrive parfois qu'un maire démissionnaire « désigne » son successeur : il ne donne en fait que son avis, il propose, suggère au conseil d'élire le successeur qu'il s'est choisi, mais cette désignation n'a aucune valeur officielle.

Le conseil municipal n'a aucune obligation de voter pour le candidat ainsi désigné, tout comme il n'a aucune obligation d'élire au poste de maire le premier adjoint.
Le conseil municipal n'a d'ailleurs pas, non plus, l'obligation d'élire maire la « tête de liste » aux élections municipales : les électeurs pensent trop souvent voter pour un homme, et non pour une liste, alors que la « tête de liste » n'en est en fait que le porte-parole.

• Dans tous les cas, les nouveaux élus ne restent en place que jusqu'à la fin normale du mandat de ceux qu'ils remplacent : le jour des élections municipales, en France, les électeurs votent dans toutes les communes, sans exception.

2. La démission d'un adjoint

• Les adjoints qui démissionnent de leurs fonctions d'adjoint redeviennent conseillers municipaux : une nouvelle élection est alors organisée au sein du conseil municipal pour élire un nouvel adjoint parmi les conseillers municipaux.

• Les adjoints ou les conseillers qui démissionnent du conseil municipal laissent un ou plusieurs sièges vacants, qui sont occupés, dans l'ordre du tableau, par les candidats non élus de la liste.

• La démission volontaire est adressée par écrit au maire, qui en informe immédiatement le préfet (CGCT, art. L. 2121-4). Elle prend effet à réception du courrier par le maire. Il en est de même pour les conseillers.

• La démission d'office est prononcée par le préfet (code élect., art. L. 236 et L. 239), pour cause d'inéligibilité ou d'incompatibilité.
Le tribunal administratif saisi par le maire peut aussi déclarer démissionnaire un conseiller, adjoint ou non, qui « sans excuse valable, a refusé de remplir une des fonctions qui lui sont dévolues par les lois » (CGCT, art. L. 2121-5). Le conseiller ainsi démissionné ne peut pas être réélu dans le délai d'un an.
S'il n'y a plus personne sur la liste, ou plus personne de disponible, le conseil municipal est renouvelé dans son intégralité.

FICHE 17 LA DÉMISSION DU CONSEIL MUNICIPAL

Il peut arriver que le conseil municipal démissionne, ou qu'il soit dissous.

1. La démission du conseil municipal

• **Si le conseil municipal démissionne dans son intégralité, des élections partielles sont organisées** : on parle alors du renouvellement du conseil municipal.

Il ne faut pas confondre **élections partielles** et **élections complémentaires** : les élections complémentaires, dans les communes de moins de 1 000 habitants, permettent d'élire autant de conseillers que nécessaire pour compléter le conseil municipal après la démission, le décès, d'un ou plusieurs conseillers. Lors des élections partielles, le conseil municipal est élu en totalité pour un mandat partiel, qui ne durera que jusqu'à la fin normale du mandat de ceux qu'ils ont remplacés : le jour des élections municipales, en France, les électeurs votent dans toutes les communes, sans exception.

• Dans une commune de plus de 1 000 habitants, les conseillers municipaux démissionnaires sont remplacés par les suivants de la liste : « le candidat venant sur une liste immédiatement après le dernier élu est appelé à remplacer le conseiller municipal élu sur cette liste dont le siège devient vacant pour quelque cause que ce soit » (code élect., art. L. 270).
Lorsque ce n'est plus possible, faute de candidats disponibles dans la liste initiale, et que le conseil municipal « a perdu le tiers de ses membres », il « est procédé au renouvellement du conseil municipal dans les trois mois de la dernière vacance ».
Le conseil municipal qui n'a pas perdu le tiers de ses membres reste incomplet, s'il n'y a plus de candidats disponibles, jusqu'au franchissement du seuil d'un tiers de ses membres, ou jusqu'à ce qu'il devienne nécessaire d'élire un nouveau maire (parce que l'ancien est décédé, démissionnaire, qu'il renonce à son mandat ou devient inéligible).

2. La dissolution du conseil municipal

Le conseil municipal peut être dissous « par décret motivé rendu en Conseil des ministres et publié au *Journal officiel* » (CGCT, art. L. 2121-6). En cas d'urgence, le conseil « peut être provisoirement suspendu par arrêté motivé du représentant de l'État dans le département ; la durée de la suspension ne peut excéder un mois ». Le représentant de l'État dans le département est bien évidemment le préfet.

3. La délégation spéciale

En cas de dissolution du conseil municipal, de démission de tous ses membres, ou d'annulation de l'élection de tous ses membres, ou lorsqu'un conseil municipal ne peut être constitué, « une délégation spéciale en remplit les fonctions » (CGCT, art. L. 2121-35).

La délégation spéciale est nommée par le préfet « dans un délai de huit jours à compter de la dissolution, de l'annulation définitive des élections, de l'acceptation de la démission ou de la constatation de l'impossibilité de constituer le conseil municipal » (CGCT, art. L. 2121-36).

La délégation spéciale élit son président, éventuellement son vice-président : le président, ou éventuellement le vice-président, remplit les fonctions de maire et ses pouvoirs prennent fin dès l'installation du nouveau conseil.

La délégation spéciale est composée de trois membres dans les communes de moins de 35 000 habitants : ce nombre peut être porté jusqu'à sept dans les communes de plus de 35 000 habitants (CGCT, art. L. 2121-37).

Les pouvoirs de la délégation spéciale sont limités aux actes de pure administration conservatoire et urgente. Elle ne peut pas engager les finances municipales au-delà des ressources disponibles de l'exercice courant. Elle ne peut pas préparer le budget communal, ni recevoir les comptes du maire ou du receveur, ni modifier le personnel ou le régime de l'enseignement public.

Ses fonctions « expirent de plein droit dès que le conseil municipal est reconstitué » (CGCT, art. L. 2121-39). La réélection du conseil municipal se déroule dans les deux mois qui suivent la dissolution ou la démission, « à moins que l'on ne se trouve dans les trois mois qui précèdent le renouvellement général des conseils municipaux ».

FICHE 18 LES ATTRIBUTIONS DU CONSEIL MUNICIPAL

Le conseil municipal règle par ses délibérations les affaires de la commune (CGCT, art. L. 2121-29) : il a donc une compétence générale de principe.
Le conseil municipal est une assemblée délibérante élue qui adopte des délibérations : une délibération peut être définie comme « la décision collégiale d'une assemblée délibérante après examen et discussion ».

CONSEIL DU FORMATEUR :
Ne pas confondre la délibération du conseil municipal, adoptée à l'issue d'un vote, et les arrêtés du maire qu'il prend seul, en tant qu'agent de l'État, qui ne donnent lieu à aucun vote.

FICHE 18

• Le conseil municipal donne son avis « toutes les fois que cet avis est requis par les lois et règlements, ou qu'il est demandé par le représentant de l'État dans le département » (CGCT, art. L. 2121-29), mais, s'il refuse ou néglige de donner avis, « il peut être passé outre ». Le conseil municipal peut également émettre des vœux sur tous les objets d'intérêt local.

• **Le conseil municipal élit le maire et ses adjoints.**
Il constitue les commissions municipales et en élit les membres.

• Le conseil municipal :
– décide de la création et de l'implantation des écoles et classes élémentaires et maternelles d'enseignement public après avis du représentant de l'État dans le département (CGCT, art. L. 2121-30) ;
– arrête le compte administratif qui lui est annuellement présenté par le maire (CGCT, art. L. 2121-31) ;
– dresse, chaque année, la liste des contribuables susceptibles d'être désignés comme membres de la commission communale des impôts directs (CGCT, art. L. 2121-32) ;
– procède à la désignation (ou au remplacement) de ses membres ou de délégués pour siéger au sein d'organismes extérieurs (CGCT, art. L. 2121-33), comme les OPHLM, les conseils d'administration des collèges et lycées ; etc. ;
– crée et supprime les services publics ;
– statue sur les décisions relatives au patrimoine de la collectivité et à la gestion de ses biens (CGCT, art. L. 2241-1) ;

– adopte le plan local d'urbanisme (PLU) ;
– autorise le maire à ester en justice, c'est-à-dire « à agir », soit comme demandeur, soit comme défendeur.

La loi de solidarité et de renouvellement urbain (SRU) du 13 décembre 2000 a transformé le POS (plan d'occupation des sols) en PLU (plan local d'urbanisme).

• **Le conseil municipal a également un rôle prépondérant en matière budgétaire.**
Le **budget de la commune est proposé par le maire et voté par le conseil municipal après qu'un débat a eu lieu au conseil municipal** sur les orientations générales du budget (le DOB, débat d'orientation budgétaire, obligatoire dans les communes de 3 500 habitants et plus). **Il arrête et valide ou non, chaque année, le compte administratif du maire, chargé d'exécuter le budget** (CGCT, art. L. 2121-31).

FICHE 19 LES ATTRIBUTIONS DU MAIRE ET DE SES ADJOINTS

Le maire est l'organe exécutif de la commune.
Le conseil municipal en est l'organe délibérant, avec un rôle législatif.
Le maire a une double mission :
– **il est une autorité déconcentrée quand il représente l'État** (CGCT, art. L. 2122-27), **il prend alors, seul, des arrêtés** ;
– **il est une autorité décentralisée quand il préside le conseil municipal, qui adopte, en les votant, des délibérations.**

Le maire a également des pouvoirs propres, qu'il exerce sous le contrôle politique du conseil municipal, et d'autres compétences que le conseil municipal peut lui déléguer.

FICHE 19

1. Le maire est un agent de l'État

- En qualité d'agent de l'État, **le maire signe des arrêtés**, qui relèvent du pouvoir réglementaire détenu par le pouvoir exécutif. **Il est chargé de la publication et de l'application des lois et des règlements**. Il légalise les signatures. Il exécute les mesures de sûreté générale et toutes les missions spéciales que la loi lui attribue : **il organise les élections, le recensement de la population** (CGCT, art. L. 2122-21) et **le recensement militaire. Il délivre les documents d'urbanisme** (permis de construire, de démolir, de travaux).

- Dans le cadre des missions confiées au maire en tant qu'agent de l'État, « les communes assurent la réception et la saisie des demandes de cartes nationales d'identité et de passeports ainsi que la remise aux intéressés de ces titres » (CGCT, art. L. 1611-2-1).

2. Le maire exerce des attributions qui lui sont propres

- Le maire est **officier de police judiciaire** et **officier de l'état civil**, il exerce seul des pouvoirs de **police administrative**.

- **Il est seul chargé de l'administration** (CGCT, art. L. 2122-18) : **il organise les services municipaux qui sont placés sous son autorité.**
Il nomme et révoque aux emplois communaux, dans la limite du tableau voté par le conseil (on le désigne souvent sous le terme : « autorité qui a pouvoir de nomination »).

Il est le supérieur hiérarchique des agents dont il détermine le déroulement de carrière.

3. Le maire exerce des attributions au nom de la commune, sous le contrôle du conseil municipal (CGCT, art. L. 2122-21)

- Il exécute les décisions du conseil municipal.
- **Il est l'ordonnateur des dépenses et des recettes**, dans le respect du budget voté par le conseil municipal.
- Il administre et protège les propriétés et la voirie (routes, trottoirs, chemins) de la commune.
- Il gère ses revenus, surveille les établissements communaux et la comptabilité.
- Il prépare et propose le budget.
- Il dirige les travaux communaux.
- Il souscrit les marchés et signe les contrats de location (les baux).
- Il signe les actes de vente, échange, partage, acceptation de dons ou legs, acquisition, transaction.
- Il représente la commune devant la justice.
- Il prend toutes les mesures nécessaires à la destruction des animaux nuisibles.

4. Le maire exerce des attributions au nom de la commune, par délégation du conseil municipal (CGCT, art. L. 2122-22)

- Il doit rendre compte à chacune des réunions obligatoires du conseil municipal, qui peut toujours mettre fin à la délégation.
Si « les intérêts du maire se trouvent en opposition avec ceux de la commune, le conseil municipal désigne un autre de ses membres pour représenter la commune, soit en justice, soit dans les contrats » (CGCT, art. L. 2122-26).
- Il décide de l'affectation des propriétés communales utilisées par les services municipaux.
- Il fixe les tarifs des droits prévus au profit de la commune (stationnement, centres de loisirs, restaurants scolaires, etc.).
- Il souscrit les emprunts destinés au financement des investissements prévus au budget.

- Il prend toute décision concernant les marchés lorsque les crédits sont inscrits au budget.
- Il loue éventuellement les biens communaux pour une durée de moins de douze ans.
- Il signe et résilie les contrats d'assurance et accepte les indemnités en cas de sinistre.
- Il crée les régies comptables nécessaires au fonctionnement des services municipaux.
- Il prononce la délivrance et la reprise des concessions dans les cimetières.
- Il accepte les dons et legs sans conditions ni charges.
- Il décide de l'aliénation de gré à gré de biens mobiliers jusqu'à 4 600 euros.
- Il fixe la rémunération et règle les frais et honoraires des avocats, notaires, avoués, huissiers de justice et experts.
- Il fixe le montant des offres de la commune à notifier aux expropriés, il répond à leurs demandes.
- Il fixe les reprises d'alignement en application d'un document d'urbanisme.
- Il exerce au nom de la commune le droit de préemption (code urba., art. L. 214-1) et le droit de priorité (code urba., article L. 240-1).
- Il règle les conséquences dommageables des accidents dans lesquels sont impliqués des véhicules municipaux, dans la limite fixée par le conseil municipal.

Remarque du formateur :
Le droit de préemption est le droit, la prérogative que détient une personne ou une administration d'acquérir un bien en priorité, c'est-à-dire d'obliger le vendeur à le lui vendre à lui, moins cher, plutôt qu'à un acheteur extérieur. Il permet à la commune de disposer, à des prix abordables, des terrains et des bâtiments nécessaires à l'exercice de ses missions de service public.

FICHE 20 LES POUVOIRS DE POLICE DU MAIRE

Le maire a des pouvoirs de police judiciaire (CPP, art. 16)**, qu'il exerce sous l'autorité du procureur de la République :** la police judiciaire est répressive.
Il a des pouvoirs de police administrative, qu'il exerce sous l'autorité du préfet (CGCT, art. L. 2212-1) : la police administrative est préventive.

- Les pouvoirs de police administrative du maire sont organisés en deux branches distinctes : la police administrative générale et les polices administratives spéciales (CGCT, art. L. 2211-1 à L. 2213-31).
- La police générale lui permet « d'assurer le bon ordre, la sûreté, la sécurité et la salubrité publiques » (CGCT, art. L. 2212-2).

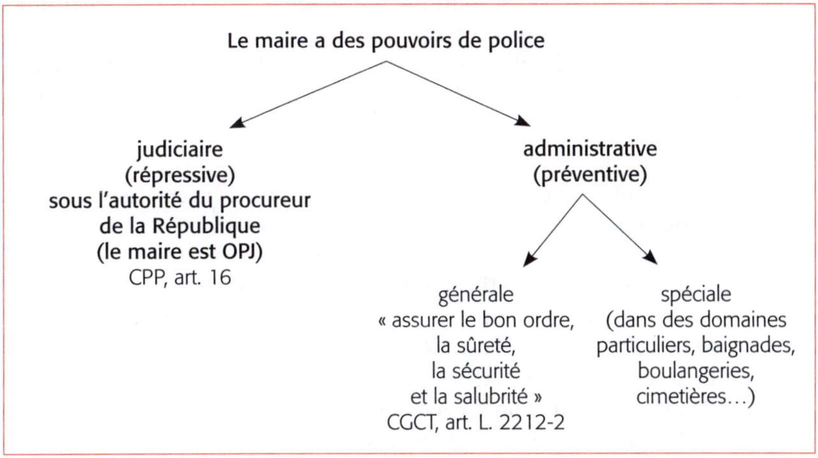

1. Les pouvoirs de police judiciaire du maire et de ses adjoints

Le maire et les adjoints sont dès leur élection officiers de police judiciaire (code de procédure pénale, art. 16) sur le territoire de leur commune, ils exercent cette mission sous l'autorité du procureur de la République, installé au tribunal de grande instance.
Le procureur de la République est un magistrat du parquet, par opposition aux magistrats du siège (les juges). Il est l'autorité de tutelle de tous les OPJ, il est responsable de l'état civil.

Le maire, officier du ministère public

Le maire peut en théorie représenter le procureur de la République au tribunal de police, pour les contraventions des quatre premières classes : il requiert alors l'application de la loi en exerçant la fonction d'officier près le ministère public (OMP) normalement dévolue à un commissaire de police. Le procureur de la République doit être présent, ou représenté par un substitut, pour les contraventions de cinquième classe, les plus graves.

FICHE 20

2. Les pouvoirs de police administrative générale du maire (CGCT, art. L. 2212-2)

• Le maire et sa police municipale (s'il en a une) peuvent :
– réprimer les atteintes à la tranquillité publique (rixes, disputes, attroupements, bruits et troubles de voisinage ...) ;
– maintenir le « bon ordre dans les endroits où il se fait de grands rassemblements d'hommes » (foires, marchés, spectacles, jeux, cafés, églises et autres lieux publics).

• Ils doivent également :
– assurer la sûreté et la commodité du passage dans les rues (nettoiement, éclairage, enlèvement des encombrements, démolition ou réparation des édifices, etc.) ;
– réprimer les dépôts et déjections qui nuisent à la propreté des voies ;
– vérifier « la fidélité du débit des denrées qui se vendent au poids ou à la mesure et la salubrité des comestibles exposés en vue de la vente » ;
– prévenir les catastrophes naturelles et les pollutions de toute nature, les maladies épidémiques ou contagieuses, les épizooties ;
– pourvoir d'urgence à toutes les mesures d'assistance et de secours ;
– se substituer au préfet pour ordonner des hospitalisations en hôpital psychiatrique dans le cadre de la procédure de soins psychiatriques sans consentement dite « sur décision du représentant de l'État » (SPDRE) « en cas de danger imminent pour la sûreté des personnes » (Code de la santé publique, art. L. 3213-2) ;
– remédier « aux événements fâcheux qui pourraient être occasionnés par la divagation des animaux malfaisants ou féroces » ;
– réglementer « la fermeture annuelle des boulangeries, lorsque cette fermeture est rendue nécessaire pour l'application de la législation sur les congés payés ».

Remarque du formateur :
Les soins psychiatriques sans consentement ont remplacé l'hospitalisation à la demande d'un tiers (HDT) et l'hospitalisation d'office (HO) le 5 juillet 2011.

Le maire vérifie que les puits présentant un danger pour la sécurité publique soient clôturés. Il surveille la salubrité des ruisseaux, des rivières, des étangs et des mares : il ordonne les mesures nécessaires pour en assurer l'assainissement ou la destruction, et oblige les propriétaires à faire cesser toutes causes d'insalubrité.

Conseil du formateur :
Les candidats qui préparent le concours de gardien ou de chef de police municipale veilleront à approfondir le sujet de cette fiche.

FICHE 20

Les forces de la Police et de la Gendarmerie nationales sont chargées « d'exécuter les arrêtés de police du maire » (CGCT, art. L. 2214-1 à L. 2214-4) : le soin de réprimer les atteintes à la tranquillité publique incombe à l'État, « sauf en ce qui concerne les bruits de voisinage », qui sont de la compétence de la commune.
Le soin de réprimer les atteintes à la tranquillité publique incombe à l'État, « sauf en ce qui concerne les bruits de voisinage », qui sont de la compétence de la commune.

Le Code de la sécurité intérieure (CSI) a été créé par une ordonnance du 12 mars 2012 pour regrouper l'ensemble des dispositions législatives et réglementaires qui concernent la sécurité intérieure. Il est entré en vigueur le 1er mai 2012, sur le fondement de la loi du 14 mars 2011 d'orientation et de programmation pour la performance de la sécurité intérieure (LOPPSI). Il a été complété par deux décrets du 4 décembre 2013. Il consacre son livre V aux polices municipales, à leurs missions et à leurs compétences. Il reprend le néologisme rassurant de « vidéoprotection », créé par le législateur en 2011 pour remplacer l'ancienne expression, moins porteuse, de « vidéo-surveillance ».

L'ÉTAT CIVIL

L'état civil a été instauré le 20 septembre 1792, date de création des communes, pour prendre le relais des curés et de leurs registres paroissiaux.
La tenue des registres de l'état civil et la délivrance des actes est une mission obligatoire de la commune, exercée au nom de l'État par le maire et ses adjoints, sous la tutelle du procureur de la République : c'est donc une mission déconcentrée.

L'état civil a été instauré le 20 septembre 1792, en même temps que la commune : pour prendre le relais des curés et de leurs registres paroissiaux.

1. Les officiers de l'état civil

• **Le maire et ses adjoints sont, dès leur élection, officiers de l'état civil** (CGCT, art. L. 2122-32).
Leur compétence s'exerce dans les limites territoriales de leur commune. Elle peut être déléguée à un fonctionnaire titulaire (un officier délégué) ou à un conseiller municipal (exceptionnellement).
Seul un élu, maire, adjoint ou conseiller, peut célébrer un mariage.
Il est alors assisté d'un fonctionnaire.

• Les officiers de l'état civil et les officiers de l'état civil délégués sont chargés :
– **de rédiger les actes de naissance** ;
– **de recevoir les reconnaissances des enfants** nés hors mariage et d'en dresser acte ;
– **de célébrer les mariages** et d'en dresser acte ;
– **de rédiger les actes de décès**.

• Ils doivent tenir à jour les registres, c'est-à-dire transcrire les actes établis par d'autres officiers de l'état civil (le décès survenu ou le mariage célébré dans une autre commune doivent être mentionnés en marge de l'acte de naissance), ou relevant d'un jugement (de divorce, d'adoption).

• Ils doivent apposer **les mentions marginales**, qui pallient l'absence de centralisation : il n'existe pas un fichier national de l'état civil : elles établissent une relation entre deux actes, ou entre un acte et un jugement.
Les officiers de l'état civil et les officiers de l'état civil délégués sont garants de la régularité et de la légalité des actes de l'état civil qu'ils établissent : ils assument la responsabilité civile et pénale de leurs erreurs, volontaires ou involontaires.

REMARQUE DU FORMATEUR :
Depuis le 8 janvier 1993, l'officier de l'état civil et l'officier de l'état civil délégué ne peuvent plus refuser d'inscrire dans l'acte de naissance de l'enfant le ou les prénoms choisi(s) par les parents, avec l'orthographe de leur choix. Ils peuvent, en revanche, saisir le procureur de la République si « ces prénoms ou l'un d'eux, seul ou associé aux autres prénoms ou au nom, lui paraissent contraires à l'intérêt de l'enfant ou au droit des tiers à voir protéger leur nom de famille » (code civ., art. 57).

2. Les actes et les registres

• **Il existe trois registres d'état civil : le registre des naissances, celui des mariages et celui des décès.** Un seul registre est autorisé dans les communes de moins de 5 000 habitants. Les actes des citoyens français nés à l'étranger sont conservés au service central de l'état civil (Nantes).
Les registres sont tenus en double exemplaire original : l'un est conservé en mairie pendant cent ans, l'autre est transmis, en fin d'année, au greffe du parquet dont dépend la commune. Le parquet est le service dirigé par le procureur de la République.
Les registres de plus de cent ans sont conservés aux archives départementales : leur consultation est publique.
Les registres sont ouverts par un procès-verbal d'ouverture dressé par un officier de l'état civil.
Ils sont clôturés par un procès-verbal de clôture, qui établit le nombre d'actes enregistrés dans l'année, ou dans la période d'ouverture du registre. Les pages sont numérotées et paraphées.

• La Cour de cassation définit ainsi l'acte d'état civil : « un écrit dans lequel l'autorité publique constate, d'une manière authentique, un événement dont dépend l'état d'une ou plusieurs personnes ».
Les actes font intervenir plusieurs acteurs :
– l'officier de l'état civil ou l'officier de l'état civil délégué,
– le comparant (ou le déclarant),
– les témoins, qui ne sont prévus par la loi que dans le cadre du mariage.

3. La publicité des actes

Les officiers de l'état civil et les officiers de l'état civil délégués doivent délivrer gratuitement, aux personnes qui sont en droit de les réclamer, des copies et des extraits d'actes.

FICHE 22 LES COMPÉTENCES DE LA COMMUNE

Les communes sont depuis leur création, responsables de l'état civil, de l'organisation des élections et de l'urbanisme (délivrance des permis de construire, de démolir ou de travaux, lotissements communaux) : ce sont des **compétences obligatoires.**

- L'**action sociale (facultative) est du ressort du centre communal d'action sociale (CCAS), l'aide sociale (légale et obligatoire) dépend du conseil départemental.** L'instruction des dossiers de l'aide sociale départementale doit être assurée par le CCAS.
- La commune a la **maîtrise des sols** : elle délivre ou refuse permis de construire, de démolir ou de travaux, elle établit le **plan local d'urbanisme** (PLU). Elle a des compétences en **action sanitaire** (désinfection, hygiène, salubrité) et en matière d'**environnement** (eau potable, ordures ménagères, eaux usées).
- Elle a aussi des compétences dans le domaine de l'**enseignement.**
Elle construit et entretient les écoles élémentaires et maternelles publiques (les enseignants et les programmes restent de la compétence de l'État).
Elle gère le personnel ATSEM (agent territorial spécialisé des écoles maternelles). Elle peut également participer au financement du fonctionnement des établissements d'enseignement privé.
- La commune a des **compétences facultatives** en **action culturelle** (bibliothèques, musées, enseignement artistique, conservatoires) et en **action sportive** (gymnases, terrains de sports, piscines). Elle peut mettre en place des **actions para ou périscolaires** (centre de loisirs, restaurant scolaire, accueils du matin et du soir) qui sont également facultatives.
- Elle a des compétences en **action économique**, lui permettent de se substituer à l'initiative privée, si elle ne fonctionne pas ou si elle n'existe pas dans la commune : reprise ou création d'un cinéma, ouverture d'une auberge ou d'une épicerie municipale... Elle peut également aider indirectement des entreprises (construction de bâtiments, exonération de taxe professionnelle).
- La commune a une compétence plus large, qui lui permet de gérer librement les affaires communales : elle crée et entretient la voirie communale (les routes et les trottoirs), le mobilier urbain, les espaces verts, elle crée, ou participe à la création, des services publics locaux (transports urbains, hôpitaux).
- **Elle peut aussi**, si elle le souhaite, **mettre en place une police municipale.**
- **Elle peut construire et gérer des ports de plaisance, des aérodromes.**

FICHE 23 LES RESSOURCES DE LA COMMUNE

La commune bénéficie, pour financer ses actions et rémunérer son personnel, de ressources fiscales, de ressources budgétaires et de ressources des services et du patrimoine. Elle peut également, pour investir, avoir recours à l'emprunt. Elle peut aussi accepter des dons et des legs.

1. Les ressources fiscales

• **La commune perçoit, pour financer ses actions et rémunérer son personnel, une partie des impôts locaux directs** (taxe d'habitation, taxe foncière, redevance des mines et des hydrocarbures) **ou indirects** (taxes d'urbanisme, droits de mutation, etc.) : **ce sont les ressources fiscales**, que l'on appelle parfois, à tort, des « ressources propres ».

• La disparition de la taxe professionnelle versée par les entreprises (ou plus exactement la réduction, puisque les entreprises ont désormais à payer une sorte de « taxe d'habitation » appelée « contribution économique territoriale ») oblige l'État à compenser le manque à gagner des collectivités, à qui la loi confie des missions de plus en plus nombreuses.

REMARQUE DU FORMATEUR :
La contribution économique territoriale (CET) est la somme de deux éléments calculés chacun d'une manière différente : la cotisation foncière des entreprises (CFE), assise sur la valeur locative des locaux utilisés par l'entreprise, et la cotisation sur la valeur ajoutée des entreprises (CVA), assise sur le chiffre d'affaires.

2. Les ressources budgétaires

• **La commune perçoit également des subventions, de fonctionnement ou d'investissement, versées sur le budget de l'État : ce sont les ressources budgétaires.**

• L'État verse aux communes, aux établissements publics de coopération intercommunale à fiscalité propre, aux départements et aux régions (depuis 2004), une **dotation globale de fonctionnement (DGF)**, instituée par la loi du 3 janvier 1979 et versée pour la première fois en 1979. La DGF est composée de plusieurs dotations et subventions (dotation forfaitaire calculée sur le nombre d'habitants recensés dans la collectivité, dotation d'aménagement, dotation générale de décentralisation, etc.).

• **Les dotations et les subventions de fonctionnement versées par l'État représentent environ 30 % des ressources des collectivités territoriales.**

3. Les ressources des services et du patrimoine

La commune perçoit les ressources dites « des services et du patrimoine » qui proviennent de la vente et de la location des biens communaux (vente de terrains, locations d'emplacements au marché, parkings, etc.) **et des prestations de services de la commune** (participation des familles à la restauration scolaire, entrées à la piscine, etc.).

4. Les autres ressources de la commune

• Une commune peut également emprunter de l'argent, par exemple auprès d'une banque, avec ou sans intérêts, pour réaliser des investissements, mais ses dépenses de fonctionnement ne peuvent en aucun cas être financées par l'emprunt.

• Une commune peut recevoir de l'argent ou des biens (château, maison, collection de tableaux ou d'objets d'art, etc.) de la part d'une personne vivante (ce sont des dons) ou d'une personne décédée, qui l'a exprimé par testament (ce sont des legs).
Elle peut aussi percevoir des subventions financières de partenaires extérieurs, si aucune contrepartie n'est demandée : si une contrepartie est demandée, l'accord du gouvernement est indispensable.

• Une commune peut également s'autofinancer en partie, en utilisant et en faisant fructifier l'excédent de ses ressources (dans le privé, on parlerait de bénéfice).

5. La commission communale des impôts directs (CCID)

• Le conseil municipal « dresse, chaque année, la liste des contribuables susceptibles d'être désignés comme membres de la commission communale des impôts directs, conformément à l'article 1650 du code général des impôts » (CGCT, art. L. 2121-32).

• Dans chaque commune, il est institué une commission communale des impôts directs composée de 7 membres, à savoir le maire ou l'adjoint délégué (qui la président) et 6 commissaires ; dans les communes de plus de 2 000 habitants, leur nombre est porté de 6 à 8 (et autant de suppléants dans les deux cas).

• Le conseil municipal en dresse la liste (de 24 ou 32 noms selon le nombre d'habitants), mais les commissaires et leurs suppléants sont désignés par le directeur des services fiscaux.
La durée de leur mandat est la même que celle du mandat du conseil municipal.
Leur nomination a lieu dans les deux mois qui suivent le renouvellement général des conseils municipaux.

• Les commissaires sont des citoyens qui participent bénévolement aux travaux de cette commission sur leur temps libre.

• La commission communale des impôts directs :
– dresse, avec le représentant de l'administration fiscale, la liste des locaux retenus pour déterminer la valeur locative des biens imposables aux impôts directs locaux (code général des impôts, art.1503 et 1504) ;
– participe à l'évaluation des propriétés bâties (CGI, art. 1505) ;
– participe à l'évaluation des propriétés non bâties (CGI, art. 1510) ;
– formule un avis sur les réclamations portant sur la taxe d'habitation et la taxe d'enlèvement des ordures ménagères ;
– émet un avis sur les nouvelles valeurs locatives qui lui sont présentées.

FICHE 24 LES DÉPENSES DE LA COMMUNE ET L'ÉLABORATION DES BUDGETS (1)

• La commune, comme les autres collectivités territoriales, bénéficie de ressources dont elle peut disposer librement dans les conditions fixées par la loi (Constitution, art. 72-2). Elle peut recevoir tout ou partie « du produit des impositions de toutes natures », elle en fixe l'assiette et le taux dans les limites qu'elle détermine.

La loi n° 80-10 du 10 janvier 1980 « portant aménagement de la fiscalité directe locale » permet aux collectivités de fixer le montant des impôts locaux.

• Il faut préciser que « les collectivités territoriales supportent, chacune en ce qui la concerne, les dépenses de personnel, de fonctionnement et d'équipement des services placés sous leur autorité » (CGCT, art. L. 1611-2). Il faut préciser également qu'« aucune dépense à la charge de l'État ou d'un établissement public à caractère national ne peut être imposée directement ou indirectement aux collectivités territoriales ou à leurs groupements qu'en vertu de la loi » (CGCT, art. L. 1611-1).

1. Le budget de la commune

Le budget de la commune est l'acte par lequel sont prévues et autorisées les recettes et les dépenses annuelles de la commune (CGCT, art. L. 2311-1).
Il est établi en deux sections : le fonctionnement et l'investissement sont séparés, tant en recettes qu'en dépenses. **En deux sections, mais dans un document unique appelé « budget primitif », qui est un budget prévisionnel.**
Il comprend les ressources nécessaires à la couverture des dépenses d'investissement à effectuer au cours de l'exercice (CGCT, art. L. 2311-2).
Les règles de construction des budgets s'appellent M14 dans les communes, M52 dans les départements et M71 dans les régions : elles sont, à peu de choses près, comparables au plan comptable utilisé dans le secteur privé.

2. L'adoption du budget

• **Le budget de la commune est proposé par le maire et voté par le conseil municipal** (CGCT, art. L. 2312-1).

Dans les communes d'au moins 3 500 habitants, un débat a lieu au conseil municipal sur les orientations générales du budget, appelé débat **d'orientation budgétaire (DOP)**, ainsi que dans les établissements publics administratifs des communes de plus de 3 500 habitants.

- Ce débat doit avoir lieu « dans un délai de deux mois précédant l'examen » du budget, dans les conditions fixées par le règlement intérieur.
Le délai est de dix semaines pour le conseil régional (CGCT, art. L. 4311-1), qui doit au préalable consulter le conseil économique et social régional.
Les crédits sont votés par chapitre et, si le conseil municipal le décide, par article (CGCT, art. L. 2312-2).
Les dépenses peuvent aussi être votées par chapitre, si un membre du conseil municipal le demande.

- **Le budget de la commune doit être adopté entre le 1er janvier et le 31 mars de l'année en cours** (CGCT, art. L. 1612-1). **Il en est de même pour le conseil départemental et le conseil régional.** Le budget de l'exercice 2016 (en comptabilité, on préfère le terme d'« exercice » à celui d'« année ») doit être adopté entre le 1er janvier et le 31 mars 2016 ; il sera valable jusqu'au 31 décembre 2016.

- En attendant son adoption, l'exécutif de la collectivité territoriale peut, à partir du 1er janvier, mettre en recouvrement les recettes et engager, liquider et mandater les dépenses de la section de fonctionnement « dans la limite de celles inscrites au budget de l'année précédente ».

- **Le budget de la collectivité territoriale doit être voté en équilibre**, tant pour la section fonctionnement que pour la section investissement. **Les recettes et les dépenses « doivent être évaluées de façon sincère »** (CGCT, art. L. 1612-4).

- L'attribution des subventions donne lieu à une délibération distincte du vote du budget (CGCT, art. L. 2311-7).

- **Le budget, une fois voté, ne peut être exécuté avant d'être transmis au préfet ou au sous-préfet, comme, d'ailleurs, tous « les actes pris par les autorités communales »** (CGCT, L. 2131-1). **Il en est de même pour « les actes pris par les autorités départementales »** (CGCT, L. 3131-1), **et pour « les actes pris par les autorités régionales »** (CGCT, art. L. 4141-1). **Il doit aussi être « procédé à leur publication ou affichage ».**

• **Le budget primitif de la collectivité est transmis au préfet « au plus tard quinze jours après le délai limite fixé pour son adoption** » (CGCT, art. L. 1612-8).

3. Le budget n'est pas adopté

Si le budget n'est pas adopté avant le 31 mars (ou avant le 15 avril de l'année du renouvellement des organes délibérants), **le préfet saisit la chambre régionale des comptes qui, dans le mois, par un avis public, « formule des propositions pour le règlement du budget** » (CGCT, art. L. 1612-2). Le préfet règle alors le budget et le rend exécutoire. Il peut s'écarter des propositions de la chambre, à condition de motiver sa décision. Évidemment, à compter de la saisine de la chambre régionale des comptes, et jusqu'au règlement du budget par le préfet, le conseil municipal ne peut plus délibérer sur le budget.

4. Le budget n'est pas équilibré

• **Un budget équilibré est un budget dont les recettes couvrent les dépenses, sans déficit.**
Un budget excédentaire, qui comprend plus de recettes que de dépenses, est équilibré.
Un budget déficitaire, qui comprend plus de dépenses que de recettes, n'est pas équilibré.

• **Si le budget d'une collectivité n'est pas voté en équilibre, le préfet saisit la chambre régionale des comptes dans un délai de trente jours à compter de la transmission du budget en préfecture.** La chambre propose alors à la collectivité territoriale, dans un délai de trente jours à compter de sa saisine, « les mesures nécessaires au rétablissement de l'équilibre budgétaire et demande à l'organe délibérant une nouvelle délibération » (CGCT, art. L. 1612-5). Cette nouvelle délibération « doit intervenir dans un délai d'un mois à partir de la communication des propositions de la chambre régionale des comptes » : elle rectifie alors le budget initial.

• Si l'organe délibérant ne se prononce pas dans le délai prescrit, ou si sa délibération « ne comporte pas de mesures de redressement jugées suffisantes par la chambre régionale des comptes, qui se prononce sur ce point dans un délai de quinze jours à partir de la transmission de la nouvelle délibération », le budget est réglé et rendu exécutoire par le préfet, qui se substitue donc au conseil municipal. Il peut s'écarter des propositions de la chambre, à condition de motiver sa décision.

LES DÉPENSES DE LA COMMUNE ET L'ÉLABORATION DES BUDGETS (2)

1. Les principes budgétaires

Un ensemble de règles et de principes en matière de droit budgétaire permettent d'encadrer les procédures d'élaboration et d'adoption du budget et d'assurer un contrôle de l'assemblée délibérante sur les finances de la collectivité.

Ces principes budgétaires sont les suivants :
– **annualité** : obligation du vote du budget chaque année ;
– **unité** : le budget doit être retracé dans un document unique qui prévoit et autorise les recettes et les dépenses de façon détaillée ;
– **universalité** : l'ensemble des recettes doit couvrir l'ensemble des dépenses ;
– **spécialité** : le montant et la nature des opérations prévues doivent être indiqués ;
– **sincérité** : présentation complète, cohérente et exacte de l'ensemble des ressources et des charges ;
– **équilibre** : le budget doit être équilibré en dépenses et en recettes.

2. L'exécution du budget

• Une fois adopté, le budget est exécuté. Il appartient au maire, exécutif de la commune, de veiller à son respect. **Le maire en est l'ordonnateur : il engage, liquide, mandate et ordonne, mais c'est le comptable public, fonctionnaire du Trésor, qui effectue le paiement et recouvre les recettes.** Il tient le compte de gestion et le remet au maire au plus tard le 1er juin de l'exercice suivant.

• Tout au long de l'exercice et jusqu'au 31 décembre de l'année en cours, « des modifications peuvent être apportées au budget par l'organe délibérant » (CGCT, art. L. 1611).

Le budget peut encore être modifié dans les vingt et un jours qui suivent la fin de l'exercice budgétaire, c'est-à-dire les vingt et un premiers jours du mois de janvier.

Les modifications apportées doivent permettre « d'ajuster les crédits de la section de fonctionnement pour régler les dépenses engagées avant le 31 décembre ».

• L'ensemble de ces délibérations doit être transmis au préfet « au plus tard cinq jours après le délai limite fixé pour leur adoption », et les mandatements (l'engagement des dépenses) « découlant des modifications budgétaires ainsi décidées doivent être achevés au plus tard le 31 janvier suivant l'exercice auquel ils se rapportent ».

• Lorsque le budget d'une collectivité territoriale a été réglé et rendu exécutoire par le préfet, « les budgets supplémentaires afférents au même exercice sont transmis [...] à la chambre régionale des comptes » (CGCT, art. 1612-9).

3. L'emprunt

Les collectivités ont le droit d'emprunter pour réaliser des investissements, mais il leur est interdit d'emprunter pour équilibrer leur budget de fonctionnement (CGCT, art. L. 2122-22).
C'est le maire, par délégation du conseil municipal, qui est chargé « de procéder, dans les limites fixées par le conseil municipal, à la réalisation des emprunts destinés au financement des investissements prévus par le budget, et aux opérations financières utiles à la gestion des emprunts ».

4. Le compte administratif et l'arrêt des comptes

• **Les comptes de la collectivité territoriale sont arrêtés lorsque le compte administratif présenté par le maire (ou par le président du conseil départemental, du conseil régional) est examiné et voté, « au plus tard le 30 juin de l'année suivant l'exercice »** (CGCT, art. L. 1612-12). Le maire ne participe pas à la séance du conseil où le compte administratif est présenté. Le compte administratif est arrêté si une majorité des voix ne s'est pas dégagée contre son adoption.

• **Lorsque le compte administratif fait l'objet d'un rejet par l'assemblée délibérante, il est adressé au préfet « au plus tard quinze jours après le délai limite fixé pour son adoption »** (CGCT, art. L. 1612-13). **Le préfet saisit alors sans délai la chambre régionale des comptes** (CGCT, art. L. 1612-12).

• Lorsque l'arrêté des comptes fait apparaître « un déficit égal ou supérieur à 10 % des recettes de la section de fonctionnement s'il s'agit d'une commune de moins de 20 000 habitants et à 5 % dans les autres cas » (CGCT, art. L. 1612-14), la chambre régionale des comptes, saisie par le préfet, propose à la collectivité, dans le délai d'un mois à compter de sa saisine, « les mesures nécessaires au rétablissement de l'équilibre budgétaire ».

• Lorsque le budget d'une collectivité territoriale a fait l'objet de telles mesures de redressement, le préfet, prudent, transmet à la chambre régionale des comptes le budget primitif afférent à l'exercice suivant.

Remarque du formateur :
On appelle « primitif » le premier budget, pour le différencier des budgets complémentaires votés en cours d'exercice.

• Si la chambre régionale des comptes constate, en examinant le budget primitif, que la collectivité « n'a pas pris de mesures suffisantes pour résorber ce déficit, elle propose les mesures nécessaires » au préfet, dans un délai d'un mois. Le préfet règle alors le budget et le rend exécutoire : s'il s'écarte des propositions formulées par la chambre, il motive sa décision.

5. Des subventions spéciales

• Il est possible que « des subventions exceptionnelles » soient attribuées « par arrêté ministériel à des communes dans lesquelles des circonstances anormales entraînent des difficultés financières particulières » (CGCT, art. L. 2335-2).

6. Les dépenses obligatoires

• Les dépenses obligatoires des collectivités territoriales sont « les dépenses nécessaires à l'acquittement des dettes exigibles et les dépenses pour lesquelles la loi l'a expressément décidé » (CGCT, art. L. 1612-15).

• La chambre régionale des comptes peut être saisie si une dépense obligatoire n'a pas été inscrite au budget, ou l'a été pour une somme insuffisante :
– par le préfet,
– par le comptable public concerné,
– par toute personne y ayant intérêt, c'est-à-dire tout contribuable.

• Si le maire ne mandate pas, dans un délai d'un mois après la mise en demeure, la dépense (s'il ne la met pas en paiement), le préfet « y procède d'office » (CGCT, art. L. 1612-16). Le délai est porté à deux mois « si la dépense est égale ou supérieure à 5 % de la section de fonctionnement du budget primitif ».

FICHE 26 TEST : QCM

Jouez le jeu : ne regardez pas les réponses avant de répondre ! N'hésitez pas, avant de répondre, à faire quelques recherches, si la bonne réponse ne se trouve pas dans les pages que vous venez d'étudier…
Attention : pour certaines questions, plusieurs réponses sont attendues.

1 Le président du Sénat assure l'intérim :
❍ **a.** du président de la République
❍ **b.** du Premier ministre
❍ **c.** du président de l'Assemblée nationale
❍ **d.** du ministre de l'Intérieur

2 Pour quelles prérogatives le procureur de la République est-il l'autorité de tutelle du maire ?
❍ **a.** Ses pouvoirs de police administrative
❍ **b.** Ses pouvoirs de police judiciaire
❍ **c.** Ses pouvoirs d'officier de l'état civil
❍ **d.** Ses pouvoirs de premier magistrat

3 L'élection des conseillers municipaux se déroule au scrutin de liste à deux tours avec représentation proportionnelle :
❍ **a.** dans les communes de moins de 3 500 habitants
❍ **b.** dans les communes de plus de 3 500 habitants
❍ **c.** dans les communes de moins de 1 000 habitants
❍ **d.** dans les communes de plus de 1 000 habitants

4 L'égal accès des femmes et des hommes aux mandats électoraux s'inscrit dans une logique de :
❍ **a.** mixité
❍ **b.** parité
❍ **c.** laïcité
❍ **d.** stabilité

5 La prime majoritaire attribue d'office :
❍ **a.** 25 % des sièges à pourvoir au conseil municipal à la liste arrivée en tête au second tour
❍ **b.** 25 % des sièges à pourvoir au conseil régional à la liste arrivée en tête au second tour
❍ **c.** 50 % des sièges à pourvoir au conseil départemental à la liste élue dès le premier tour à la majorité absolue
❍ **d.** 50 % des sièges à pourvoir au conseil municipal à la liste arrivée en tête au second tour

6 La commune perçoit, pour financer ses actions et rémunérer son personnel, des « ressources fiscales ». Il s'agit :

❍ a. de la taxe d'habitation

❍ b. de la taxe foncière des particuliers

❍ c. de la taxe professionnelle des entreprises

❍ d. d'une partie de la taxe d'habitation et de la taxe foncière

7 La métropole du Grand Paris :

❍ a. regroupe la Ville de Paris et ses communes limitrophes

❍ b. regroupe la Ville de Paris et les trois départements de la petite couronne

❍ c. regroupe les trois départements de la petite couronne

❍ d. regroupe la Ville de Paris et les six départements de l'Île-de-France

8 Les collectivités territoriales ont le droit d'emprunter :

❍ a. pour équilibrer leur budget de fonctionnement

❍ b. pour payer leur personnel

❍ c. pour réaliser des investissements

❍ d. pour rembourser leurs dettes

9 Le budget d'une collectivité territoriale doit être adopté :

❍ a. entre le 1er octobre et le 31 décembre de l'année précédente

❍ b. entre le 1er janvier et le 31 mars de l'année en cours

❍ c. dans les quinze jours qui suivent l'approbation des comptes de l'année précédente

❍ d. au plus tôt avant le 31 décembre de l'année en cours

10 Le conseil municipal est une assemblée délibérante élue :

❍ a. qui adopte des délibérations

❍ b. qui entérine des décisions administratives

❍ c. qui émet des préconisations politiques

❍ d. qui ratifie des arrêtés

11 Le Tribunal des conflits est compétent :

❍ a. lorsqu'une juridiction administrative et une juridiction judiciaire veulent juger le même procès

❍ b. lorsqu'une juridiction administrative et une juridiction judiciaire se déclarent toutes les deux incompétentes pour juger un procès

❍ c. lorsque le président de la République et son Premier ministre n'arrivent pas à se mettre d'accord sur un projet de loi

❍ d. lorsque l'Assemblée nationale et le Sénat n'arrivent pas à se mettre d'accord sur l'adoption d'une loi

⓬ **Le Tribunal des conflits siège :**
❍ a. au Conseil d'État
❍ b. au Conseil constitutionnel
❍ c. à la Cour de cassation
❍ d. au Conseil économique et social

⓭ **Le garde des Sceaux est :**
❍ a. ministre de l'Intérieur
❍ b. ministre de la Justice
❍ c. ministre de l'Économie
❍ d. ministre des Finances

⓮ **Si je me fais agresser par un fonctionnaire, je porte plainte :**
❍ a. au tribunal administratif
❍ b. au tribunal correctionnel
❍ c. au conseil de préfecture
❍ d. au poste de police

⓯ **Le préfet de police de Paris :**
❍ a. est le supérieur du préfet de Paris
❍ b. est sous les ordres du préfet de Paris
❍ c. est aussi préfet de Paris
❍ d. est commissaire de police

⓰ **Le préfet du département est une autorité :**
❍ a. décentralisée
❍ b. déconcentrée
❍ c. délocalisée
❍ d. décomplexée

⓱ **Un majeur sous tutelle :**
❍ a. ne peut en aucun cas voter
❍ b. ne peut voter que si le juge l'y autorise
❍ c. ne peut pas voter si le juge le lui interdit
❍ d. a évidemment toujours le droit de voter

⓲ **Sont des compétences obligatoires de la commune :**
❍ a. l'organisation des restaurants scolaires
❍ b. l'organisation des centres de loisirs pour les enfants de 6 à 12 ans
❍ c. l'organisation des élections européennes
❍ d. l'organisation de l'accueil des enfants scolarisés les jours de grève de l'Éducation nationale
❍ e. l'organisation d'un service de police municipale (dans les villes de plus de 15 000 habitants)

⓳ **Il n'y a pas de piscine dans la ville où j'habite :**
❍ a. je peux porter plainte contre le maire
❍ b. je peux saisir le tribunal administratif pour obliger le maire à en construire une

❍ **c.** je peux saisir le tribunal administratif pour obliger le maire à en construire une, à condition d'être constitué en association
❍ **d.** je vais nager ailleurs

⑳ Il y a des élus d'opposition qui siègent au conseil municipal.
❍ **a.** Vrai
❍ **b.** Faux

㉑ L'organisation des services d'incendie et de secours est de la compétence :
❍ **a.** de la commune
❍ **b.** de l'État
❍ **c.** du département
❍ **d.** de la région
❍ **e.** de l'armée ou de la sécurité civile
❍ **f.** du préfet

㉒ Les directions départementales et régionales des affaires sanitaires et sociales :
❍ **a.** sont des administrations déconcentrées
❍ **b.** sont des administrations décentralisées
❍ **c.** sont placées sous l'autorité du président du conseil départemental
❍ **d.** ont été récemment remplacées par l'agence régionale de santé

㉓ Le Conseil constitutionnel siège :
❍ **a.** à l'hôtel de Montpensier
❍ **b.** à l'hôtel Beauvau
❍ **c.** à l'hôtel Matignon
❍ **d.** au quai d'Orsay

FICHE 26

Corrigé

1. a ; 2. b et c ; 3. d ; 4. b ; 5. d ; 6. d ; 7. b ; 8. c ; 9. b ; 10. a ; 11. a et b ; 12. a ; 13. b ; 14. d ; 15. c ; 16. b ; 17. c ; 18. c et d ; 19. d ; 20. a ; 21. c ; 22. a et d ; 23. a.

PARTIE 3

L'État et l'intercommunalité

FICHE 27 LE CONTRÔLE DE L'ACTION DES COLLECTIVITÉS TERRITORIALES

Les collectivités territoriales s'administrent librement, mais cela ne les empêche pas de respecter les lois de la République. Le préfet est là pour le leur rappeler, au besoin : il « a la charge des intérêts nationaux, du contrôle administratif et du respect des lois » (Constitution, art. 72).

- **L'État exerce donc, sur les décisions des collectivités territoriales, un contrôle de légalité, ainsi qu'un contrôle budgétaire et financier.**

Il contrôle aussi les élus et les organes locaux dans lesquels ils siègent (les élus, locaux ou nationaux, restent sous le contrôle du citoyen tout au long de leur mandat).

1. Le contrôle de légalité (ou « contrôle administratif »)

- **Les actes importants** (CGCT, art. L. 3131-2) **pris par les autorités communales** (arrêtés et délibérations) « **sont exécutoires de plein droit dès qu'il a été procédé à leur publication ou affichage ou à leur notification aux intéressés ainsi qu'à leur transmission au représentant de l'État dans le département ou à son délégué dans l'arrondissement** » (CGCT, art. L. 2131-1).

- **Les autorités communales n'ont pas besoin**, comme c'était le cas avant la décentralisation, **de l'accord du préfet ou du sous-préfet pour prendre une décision : le contrôle *a priori*** (avant) **est devenu un contrôle *a posteriori*** (après).

Remarque du formateur :
Il en va de même pour « les actes pris par les autorités départementales » (CGCT, art. L. 3131-1) et pour « les actes pris par les autorités régionales » (CGCT, art. L. 4141-1).

- **Le préfet, à compter de la réception, a deux mois pour vérifier la légalité de la délibération ou de l'arrêté** (**CGCT,** art. L. 2131-6) : la vérification ne porte pas sur l'intelligence ou l'utilité de la décision, mais sur sa légalité ou son inégalité.

Le préfet peut, s'il l'estime nécessaire, déférer cette décision au juge administratif. On appelle cette procédure le **déféré préfectoral** : ce sera au tribunal administratif de se prononcer.

Si le préfet prend, seul, l'initiative de saisir le tribunal administratif, on parle de **déféré spontané**.

Si « une personne physique ou morale [...] lésée par un acte » le lui demande, on parle alors de déféré **provoqué** (CGCT, art. L. 2131-8) : la personne en question a deux mois pour saisir le préfet.
Le déféré est assimilé par la jurisprudence à un recours pour excès de pouvoir, qui peut entraîner l'annulation de l'acte. Le préfet peut aussi préférer la voie non contentieuse, en adressant un courrier d'observations à la collectivité, en lui demandant de rectifier sa décision.

- Le préfet peut également se substituer au maire et agir à sa place en cas de carence dans l'exercice de ses pouvoirs de police, ou en cas de difficultés budgétaires (voir fiche précédente). Il peut aussi se substituer au maire pour des problèmes liés à l'urbanisme (code urba., L. 123-14), à la construction de logements sociaux (CCH, art. L. 302-9-1), etc.

2. Le contrôle budgétaire et financier

- **Si le budget de la collectivité n'est pas adopté avant le 31 mars, le préfet saisit la chambre régionale des comptes et peut ensuite régler lui-même le budget et le rendre exécutoire.** Le préfet peut également saisir la chambre régionale des comptes si le budget voté n'est pas équilibré. Il réglera et rendra exécutoire le budget si le conseil municipal ne le corrige pas en tenant compte des recommandations de la chambre.

- Lorsque le compte administratif fait l'objet d'un rejet par l'assemblée délibérante, il est adressé au préfet, qui saisit sans délai la chambre régionale des comptes : là aussi, il pourra rendre si nécessaire le budget exécutoire.

- Le préfet adresse une mise en demeure à la collectivité qui n'a pas prévu les dépenses obligatoires et règle si nécessaire le budget à sa place.

3. Le contrôle des élus et des organes locaux

- Les élus locaux peuvent être suspendus, pour un mois maximum, par arrêté du ministre de l'Intérieur, ou révoqués, par un décret motivé pris en Conseil des ministres (CGCT, art. L. 2122-16). Les élus peuvent également être frappés d'inéligibilité par une juridiction pénale (CP, art. L. 131-26), et il existe, dans le code électoral, des incompatibilités à la fonction d'élu.

- Un conseil municipal, départemental ou régional peut être dissous par un décret motivé pris en Conseil des ministres (CGCT, art. L. 2122,6, art. L. 3121-5, L. 4132-3). Un conseil municipal peut être suspendu, pour un mois maximum, par arrêté préfectoral (CGCT, art. L. 2121-6).

FICHE 28 LES ÉTABLISSEMENTS PUBLICS

Un établissement public (EP) **est une personne morale de droit public qui dispose d'une autonomie administrative et financière pour remplir une mission d'intérêt général**, précisément définie, **sous le contrôle de la collectivité dont il dépend** (État, région, département ou commune).

- **On distingue, selon la nature de leur activité, les établissements publics administratifs (EPA) et les établissements publics à caractère industriel ou commercial (EPIC).**
- On distingue également les établissements publics nationaux, rattachés à l'État, et les établissements publics locaux rattachés à une commune (caisses des écoles, centres communaux d'action sociale, OPHLM), un département (service départemental d'incendie et de secours), ou une région, sans oublier les établissements publics de coopération intercommunale (EPCI).
- **Ils remplissent tous une mission de nature économique ou sociale.**

1. Les établissements publics nationaux

- Les établissements publics sont soumis à trois principes :

– l'autonomie : dotée de la personnalité morale, ils disposent d'un budget propre (subventions de l'État ou des collectivités, redevances des usagers, emprunts, etc.) ;
– le rattachement à un niveau de l'administration (État, région, département ou commune), pour compenser leur autonomie ;
– la spécialité : leurs compétences, limitées, sont clairement énumérées.

- Leurs domaines d'intervention, à l'échelon national, sont variés : la santé (Agence française du sang), l'enseignement (universités, lycées), la culture (certains musées, comme Le Louvre), l'économie (Caisse des dépôts et consignations, SNCF).

2. Les établissements publics locaux

Les établissements publics locaux sont rattachés à une commune, comme la caisse des écoles, le centre communal d'action sociale et l'office public d'HLM.

3. La caisse des écoles

• La caisse des écoles est un établissement public communal ou intercommunal, présidé par le maire, qui intervient en direction des enfants relevant de l'enseignement du premier et du second degré, du public et du privé (depuis le 1er janvier 2005), dans tous les domaines de la vie scolaire (social, culturel, éducatif, sanitaire).

• La caisse des écoles trouve son origine dans l'action sociale : en 1849, un commerçant remet au maire du 3e arrondissement de Paris le reliquat d'une caisse de secours de la Garde nationale, pour qu'il soit pourvu aux besoins des enfants n'ayant pas la possibilité matérielle de fréquenter l'école.
Le maire, dans la foulée, recueille des dons de la population et crée une commission qui distribue des secours financiers et des récompenses aux bons élèves. La fréquentation scolaire s'accroît, l'illettrisme régresse, et l'expérience se développe.
La caisse des écoles (code de l'éducation, art. L. 212-10 et suivants) est institutionnalisée par la loi du 10 avril 1867, puis généralisée par la loi du 28 mars 1882 sur l'enseignement primaire obligatoire (dite « loi Jules Ferry »).

• En pratique, dans certaines communes, **la caisse des écoles**, subventionnée par la mairie, **peut gérer le service de restauration scolaire, d'accueil du matin et du soir, les centres de loisirs, les classes de découverte, la mise en place du service minimum d'accueil dans les écoles maternelles et élémentaires, les activités sportives ou d'expression artistique, musicale, culturelle**, etc.

4. Le centre communal d'action sociale (CCAS)

• Le CCAS est un établissement public communal ou intercommunal (CIAS) qui intervient principalement dans trois domaines :
– **l'aide sociale légale**, qui est sa seule attribution obligatoire (elle instruit et transmet les dossiers au conseil départemental) ;
– **l'aide sociale facultative et l'action sociale**, qui sont déterminées par les élus locaux ;
– **l'animation des activités sociales en direction des enfants** (crèches, haltes-garderies, activités pour seniors, etc.).

• Le centre communal (ou intercommunal) d'action sociale est une **personne morale de droit public** : son contentieux relève des juridictions administratives.

Le CCAS (ou CIAS) est **administré par un conseil d'administration composé d'un président** (le **maire** ou le **président de la communauté de communes**), de 4 à 8 membres élus en son sein par le conseil municipal (ou par le conseil de communauté), de 4 à 8 membres nommés par le président dont :
– un représentant des associations œuvrant dans le domaine de l'insertion et de la lutte contre les exclusions,
– un représentant des associations familiales désigné sur proposition de l'union départementale des associations familiales (UDAF),
– un représentant des associations de retraités et de personnes âgées du département,
– un représentant des associations de personnes handicapées du département.

• **Le conseil d'administration prend des délibérations**, qui sont consignées dans deux registres : un contient les actes communicables (décisions de portée générale), l'autre, les actes non communicables (décisions individuelles) qui doivent rester confidentiels. Le conseil d'administration vote le budget, définit les actions à mener et donne son avis sur les demandes d'aide sociale facultative.

• **Le CCAS dispose d'un budget autonome. Il est financé par** :
– **les ressources propres** (dons et legs, produits de quêtes ou de collectes) ;
– **les ressources des services et des actions** (remboursement par le service départemental d'aide sociale des frais d'enquête pour constitution des dossiers d'aide sociale, participations de divers organismes, des bénéficiaires, etc.) ;
– **l'obligatoire subvention communale** dont le montant est fixé par le conseil municipal.

FICHE 29 LES ÉTABLISSEMENTS PUBLICS DE COOPÉRATION INTERCOMMUNALE (EPCI)

• L'intercommunalité permet aux communes de se regrouper au sein d'un établissement public de coopération intercommunale (EPCI) pour assurer ensemble certaines prestations (ramassage des ordures ménagères, assainissement, transports urbains, etc.), pour élaborer des projets de développement économique, d'urbanisme ou d'aménagement (construction et gestion d'un équipement sportif, d'un théâtre, etc.) : la mise en commun des moyens permet alors l'investissement, la gestion du service, elle évite l'éparpillement et le gaspillage.

Remarque du formateur :

Au 1er janvier 2015, les 36 744 communes dans 2 133 établissements publics de coopération intercommunale (EPCI) à fiscalité propre, soit 11 métropoles (12 avec la MGP créée le 1er janvier 2016), 9 communautés urbaines, 226 communautés d'agglomération, 1 884 communautés de communes et 3 syndicats d'agglomération nouvelle (au 1er janvier 2015, source « Les collectivités locales en chiffres » 2015, ministère de l'Intérieur). Le nombre de communes encore isolées (hors métropole de Lyon) s'élève à 70 sur le territoire national : 42 ont intégré la métropole du Grand Paris le 1er janvier 2016, 15 sont dans le département de Mayotte, et 4 sont des îles composées d'une seule commune qui bénéficient d'une dérogation législative (île de Bréhat, île de Sein, Ouessant, île d'Yeu).

• La loi n° 2010-1563 du 16 décembre 2010 de réforme des collectivités territoriales a renforcé le rôle de l'intercommunalité : elle a exigé que la couverture intercommunale du territoire national soit achevée avant le 30 juin 2013. Elle a été complétée par la loi n° 2013-403 du 17 mai 2013 relative à l'élection des conseillers départementaux, des conseillers municipaux et des conseillers communautaires, et modifiant le calendrier électoral.
Un schéma départemental de coopération intercommunale devait être élaboré par les préfets avant la fin de l'année 2011, après avis d'une commission départementale de la coopération intercommunale (CDCI), et les préfets avaient jusqu'en juin 2013 le pouvoir de créer, étendre ou fusionner des EPCI à fiscalité propre existantes, de dissoudre ou de fusionner des syndicats.

REMARQUE DU FORMATEUR :
Les EPCI peuvent être à fiscalité propre (CU, CC, CA, métropoles) ou dépendre des collectivités qui les constituent (SIVU, SIVOM, syndicats mixtes).

1. SIVU et SIVOM

- La coopération intercommunale existe depuis le 22 mars 1890, lorsque les syndicats intercommunaux à vocation unique (SIVU) ont été créés : ils permettent toujours à plusieurs communes, même non limitrophes, de s'associer pour gérer une activité d'intérêt intercommunal (traitement, assainissement ou distribution d'eau, activités scolaires ou périscolaires, etc.).
- Les communes peuvent créer plusieurs SIVU, mais **un SIVU, comme son nom l'indique, a une vocation unique : il ne peut gérer qu'une seule activité.**
- Le 20 mai 1955 sont créés **les syndicats mixtes, qui permettent l'association des communes avec les départements, les régions et les établissements publics** : les SIVU et les SIVOM ne peuvent associer que des communes entre elles.
- Le 5 janvier 1959, **la création des syndicats à vocation multiple (SIVOM) permet aux communes de s'associer pour gérer ensemble plusieurs activités** (assainissement, collecte et élimination des ordures ménagères, activités scolaires et périscolaires, tourisme, construction et entretien d'équipements publics).
- Les SIVU, SIVOM et syndicats mixtes sont des établissements publics de coopération intercommunale (EPCI), mais ils n'ont pas de fiscalité propre : les contribuables ne participent pas directement à leur financement, qui est assuré par les collectivités adhérentes.
- Le 1er janvier 2015 (chiffres DGCL), on comptait, en France, 12 266 syndicats, SIVU (8 392), mixtes (3 025) ou SIVOM (1 185), auxquels il convient d'ajouter 9 pôles métropolitains et 55 pôles d'équilibre territorial et rural.

Créé par la loi 2014-58 du 27 janvier 2014, le **pôle d'équilibre territorial et rural** est un établissement public constitué par accord entre plusieurs EPCI à fiscalité propre, au sein d'un périmètre d'un seul tenant et sans enclave. Un établissement public de coopération intercommunale à fiscalité propre ne peut appartenir à plus d'un pôle d'équilibre territorial et rural. Le pôle d'équilibre territorial et rural est soumis aux règles applicables aux syndicats mixtes.

2. Les communautés urbaines

• Les communautés urbaines ont été créées le 31 décembre 1966 (CGCT, art. L. 5215-1 et suivants). **Ce sont des EPCI qui regroupent plusieurs communes formant un ensemble de plus de 250 000 habitants, sur un espace d'un seul tenant et sans enclave, qui peut s'étendre sur un ou plusieurs départements.**
Elles sont aujourd'hui 9 sur le territoire national : Dunkerque (1968), Cherbourg (1970), Le Creusot – Montceau-les-Mines (1970), Grand Nancy (1995), Alençon (1996), Arras (1998), Marseille Provence Métropole (2000), Le Mans Métropole (2013), et Grand Dijon (2015), 12 ont été transformées en métropoles entre le 1er janvier 2014 et le 1er janvier 2015 (Bordeaux, Toulouse, Brest, Nantes, etc.).

• **La communauté urbaine a pour mission de développer et aménager l'espace économique, social et culturel de l'espace communautaire.**

• **Elle gère l'habitat et la politique de la ville dans la communauté, ainsi que les services d'intérêt collectif.** Elle met aussi en valeur l'environnement.

• La communauté urbaine est financée par une fiscalité additionnelle à la taxe d'habitation et aux taxes foncières (elle dispose donc d'une fiscalité propre et apparaît sur les avis d'imposition des contribuables) et par une partie de la contribution économique territoriale (qui remplace la taxe professionnelle). Elle perçoit le produit des taxes correspondant aux compétences transférées. Elle bénéficie de ressources budgétaires versées par l'État.

3. Les communautés de communes

• La communauté de communes ont été créées le 6 février 1992.
Elles visent à organiser les solidarités nécessaires pour aménager et développer l'espace rural. Elles permettent d'élaborer un projet commun. **Elles ont été conçues comme l'équivalent rural des communautés urbaines**, mais elles séduisent de plus en plus les petites villes, trop peu importantes pour rassembler 500 000 habitants.

• **Elles exercent, à la place des communes membres, des compétences obligatoires en matière d'aménagement et de développement économique.** Elles peuvent également exercer, en option, des compétences liées à la protection et à la mise en valeur de l'environnement, à la politique du logement et du cadre de vie, à la création, à l'aménagement et à l'entretien de la voirie.

Elles peuvent construire, aménager et faire fonctionner des équipements culturels ou sportifs, des écoles maternelles et élémentaires.

• La communauté de communes est un établissement public de coopération intercommunale (EPCI) qui dispose d'une fiscalité propre : elle apparaît sur les avis d'imposition des contribuables. Elle perçoit également le produit des taxes correspondant aux compétences transférées (taxe d'ordures ménagères, par exemple). Elle bénéficie de ressources budgétaires (DGF versée par l'État).

4. Les communautés d'agglomération

• **Les communautés d'agglomération** (CGCT, art. L. 5216-1 et suivants) **associent**, depuis le 12 juillet 1999 (appelée « loi Chevènement »), **plusieurs communes urbaines dans un espace d'un seul tenant, sans enclave**.

• **La communauté doit regrouper au moins 50 000 habitants autour d'une ou plusieurs communes de plus de 15 000 habitants**, sauf si la communauté d'agglomération comprend le chef-lieu de département, qui est exonéré de cette obligation de nombre d'habitants.

En Île-de-France, dans les départements des Yvelines, du Val-d'Oise et de la Seine-et-Marne, les communautés de communes ou d'agglomérations ont dû obligatoirement constituer des territoires d'au moins 200 000 habitants avant le 31 janvier 2015 : des villes et des EPCI ont dû fusionner pour atteindre ce seuil.

• **Les communautés d'agglomération (et de communes) ont remplacé les communautés de villes**, qui, créées le 6 février 1992, ont disparu depuis le 1er janvier 2002 : elles regroupaient plusieurs communes d'une agglomération d'au moins 20 000 habitants.

• **Les communautés d'agglomération exercent des compétences obligatoires en matière de développement économique, d'aménagement de l'espace communautaire, d'équilibre social de l'habitat et de politique de la ville dans la communauté.**

• Elles exercent également au moins trois compétences au choix parmi les cinq suivantes (CGCT, L. 5215-20) :
– développement et aménagement économique, social et culturel (zones d'activité, équipements, etc.) ;

– création ou aménagement et entretien de la voirie et des parcs de stationnement d'intérêt communautaire (plan local d'urbanisme), transports publics, etc. ;
– assainissement, gestion de l'eau (distribution, évacuation) et des déchets, gestion des cimetières, des abattoirs, des marchés d'intérêt national ;
– protection et mise en valeur de l'environnement et du cadre de vie, gestion de l'habitat social ;
– construction, aménagement, entretien et gestion d'équipements culturels et sportifs d'intérêt communautaire.

• La communauté d'agglomération est un EPCI qui dispose d'une fiscalité propre. Elle perçoit également le produit des taxes correspondant aux compétences transférées, et elle bénéficie de ressources budgétaires versées par l'État.

Au 1er janvier 2015, les 226 communautés d'agglomération de France regroupent 25,9 millions d'habitants dans 4 744 communes.

5. Les métropoles

• Les métropoles ont été créées par la loi n° 2010-1563 du 16 décembre 2010 de réforme des collectivités territoriales. Leur statut a été modifié par la loi n° 2014-58 du 27 janvier 2014 de modernisation de l'action publique territoriale et d'affirmation des métropoles.

La métropole de Lyon n'est pas un EPCI, mais une collectivité territoriale à part entière, une collectivité à statut particulier (Constitution, art. 72) qui exerce à la fois les compétences dévolues aux conseils départementaux et celles dévolues aux métropoles.

• La métropole regroupe plusieurs communes d'un seul tenant et sans enclave, qui s'associent au sein d'un espace de solidarité pour élaborer et conduire ensemble un projet d'aménagement et de développement économique, écologique, éducatif, culturel et social de leur territoire afin d'en améliorer la compétitivité et la cohésion.

La loi n° 2014-58 du 27 janvier 2014 prévoit que les EPCI de plus de 400 000 habitants au sein d'une aire urbaine de 650 000 habitants ont automatiquement été transformés en métropoles par décret le 1er janvier 2015 (Toulouse, Lille, Bordeaux, Nantes, Strasbourg, Rennes, Rouen, Grenoble, Montpellier et Brest sont ainsi par décret devenues des métropoles).

Une métropole peut aussi résulter de la transformation d'une communauté urbaine. Il n'est pas possible de créer de métropole en Île-de-France.

Remarque du formateur :
La métropole Nice Côte d'Azur est la seule métropole créée avant la réforme de 2013 grâce à la loi de 2010. La métropole de Lyon a été créée au 1er janvier 2015, celles d'Aix-en-Provence et du Grand Paris ont vu le jour le 1er janvier 2016.

- La métropole bénéficiera de transferts de compétences de la part des départements et des régions, et l'État pourra lui confier la gestion de grands équipements et d'infrastructures. Elle disposera de transferts de fiscalité locale ou de dotations de l'État.
- Elle exercera de plein droit un certain nombre de compétences en lieu et place des communes membres (CGCT, art. L.5217-4), comme le développement et l'aménagement économique, social et culturel, l'aménagement de l'espace métropolitain, l'habitat, la politique de la ville, la gestion des services d'intérêt collectif (eau et assainissement, abattoirs, cimetières, incendie et secours, gestion des déchets, etc.).
- Elle exercera de plein droit, ou pourra exercer, par convention, un certain nombre de compétences, à l'intérieur de son périmètre, en lieu et place du département (transports scolaires, action sociale, construction, aménagement, entretien et fonctionnement des collèges, tourisme, etc.).
- Elle exercera de plein droit ou pourra exercer, par convention, un certain nombre de compétences, à l'intérieur de son périmètre, en lieu et place de la région, comme la promotion à l'étranger du territoire et de ses activités économiques, ou la construction, d'aménagement, d'entretien et de fonctionnement des lycées.

Au 1er janvier 2015 (chiffres ministère de l'Intérieur), 453 communes sont réunies en métropoles, rassemblant 6 303 722 habitants.

Les **pôles métropolitains** ont été créés par la loi n° 2010-1563 du 16 décembre 2010. Les conditions d'éligibilité au statut de pôle métropolitain ont été modifiées par la loi du 27 janvier 2014. Le pôle métropolitain regroupe des établissements publics de coopération intercommunale à fiscalité propre, dont au moins un compte plus de 100 000 habitants. Le pôle métropolitain peut exceptionnellement regrouper, sur un territoire d'un seul tenant et sans enclave, des établissements publics de coopération intercommunale à fiscalité propre comprenant au moins un établissement public de coopération intercommunale de plus de 50 000 habitants limitrophe d'un État étranger. Onze pôles métropolitains ont vu le jour depuis le 16 décembre 2010 ; une vingtaine est en cours de constitution.

Le pôle métropolitain Strasbourg-Mulhouse, créé en février 2012, rassemble 731 000 habitants (soit 40 % de la population d'Alsace), le pôle métropolitain Nantes-Saint-Nazaire, créé en juillet 2012, regroupe Nantes Métropole, Saint-Nazaire Agglomération et quatre communautés de communes, soit 793 000 habitants.

La gouvernance des pôles

- La conférence des présidents fixe les objectifs stratégiques du pôle proposés aux instances : elle est composée des présidents des EPCI membres.
- Le comité du pôle, composé d'élus des EPCI membres, est l'organe délibérant qui administre le pôle.
- Le bureau du pôle, composé du président et de ses vice-présidents, assure l'organisation du fonctionnement technique et administratif du pôle.
- Les commissions, composées des délégués du pôle et d'élus désignés par les intercommunalités, sont chargées d'établir des propositions d'actions du pôle.
- Le comité technique, composé par les directeurs généraux des services (DGS) des intercommunalités, est animé par le directeur du pôle.
- Le comité des partenaires (conseil régional, conseils départementaux, chambres de commerce, etc.) a un rôle consultatif.

6. Les syndicats d'agglomération nouvelle

- Les syndicats d'agglomération nouvelle (SAN) regroupent les communes qui ont constitué une agglomération nouvelle. Il reste 3 villes nouvelles, qui regroupent 15 communes et 148 674 habitants (au 1er janvier 2015, chiffres DGCL) : Ouest-Provence (13), Val d'Europe (77) et Sénart-en-Essonne (91).

• Les SAN ont été créés par la loi du 13 juillet 1983, pour répondre aux nouveaux besoins des villes créées dans les années 1970. Ils ont remplacé les SCAAN, syndicats communautaires d'aménagement de l'agglomération nouvelle qui, aidés des EPA (établissements publics d'aménagement), ont construit les villes nouvelles. Ils vont, à terme, se transformer en communautés d'agglomération, plusieurs l'ont déjà fait (Cergy-Pontoise et Saint-Quentin-en-Yvelines en 2004, Évry en 2001 et L'Isle-d'Abeau en 2007).

• Le SAN est un EPCI qui dispose d'une fiscalité propre. Il bénéficie de ressources budgétaires versées par l'État.

7. Le fonctionnement des structures intercommunales

• Les communautés urbaines, d'agglomération ou de communes sont chacune gérées par un conseil communautaire, composé de conseillers communautaires, il en est l'organe exécutif délibérant.

Les métropoles sont gérées par un conseil de métropole (ou métropolitain), composé de conseillers métropolitains.

Le rôle des conseil communautaire et conseil métropolitain est comparable à celui du conseil municipal, mais à l'échelle de l'intercommunalité. Les conseillers communautaires étaient élus au conseil communautaire par les conseils municipaux des communes membres (avant 2014), ils sont désormais élus au suffrage universel direct lors des élections municipales (depuis 2014).

• Le conseil communautaire et le conseil métropolitain sont soumis aux mêmes règles que le conseil municipal. Ils règlent par leurs délibérations les affaires qui sont de leur compétence. Ils élisent leur président, qui, comme le maire, intervient pour exécuter les délibérations du conseil, et veille à la bonne organisation des services publics communautaires (il dispose aussi de pouvoirs propres de représentation, de gestion du personnel, de délivrance de permis de construire). Le conseil communautaire et le conseil métropolitain, comme la commune, votent le budget de l'établissement intercommunal qu'ils administrent. Il délègue à son président un certain nombre d'attributions portant sur les actes de gestion courante.

FICHE 30 TEST : QCM

Jouez le jeu : ne regardez pas les réponses avant de répondre ! N'hésitez pas à faire quelques recherches, si la bonne réponse ne se trouve pas dans les pages que vous venez d'étudier…
Attention : pour certaines questions, plusieurs réponses sont attendues.

1 L'assemblée délibérante qui administre le département s'appelle désormais :

❍ **a.** conseil départemental ❍ **b.** conseil territorial
❍ **c.** conseil général ❍ **d.** conseil cantonal

2 Les fonctionnaires des préfectures font partie :

❍ **a.** de la fonction publique territoriale
❍ **b.** de la fonction publique préfectorale
❍ **c.** de la fonction publique d'État

3 Le Premier ministre qui dirigeait le gouvernement le 2 mars 1982 lorsque le processus de décentralisation a été entamé était :

❍ **a.** Pierre Mauroy ❍ **b.** Gaston Defferre
❍ **c.** Pierre Bérégovoy ❍ **d.** Jacques Chirac

4 Parmi les autorités suivantes, sont des autorités élues au suffrage universel direct :

❍ **a.** le recteur d'académie
❍ **b.** le conseil régional
❍ **c.** le président du conseil régional
❍ **d.** le préfet

5 Le conseil municipal :

❍ **a.** peut être convoqué par le maire chaque fois que celui-ci le juge utile
❍ **b.** peut comprendre entre 7 et 69 membres selon le nombre d'habitants de la commune (sauf villes de Paris, Lyon, Marseille)
❍ **c.** peut être dissous par le maire
❍ **d.** est composé d'élus de la majorité et de l'opposition

6 Le conseil départemental est :

❍ **a.** l'organe exécutif du département
❍ **b.** élu par des grands électeurs
❍ **c.** une formation restreinte du conseil régional
❍ **d.** l'organe délibérant du département

7 Les conseillers communautaires :
- ❍ a. vont représenter la structure intercommunale au conseil municipal
- ❍ b. vont représenter la structure intercommunale au conseil départemental
- ❍ c. vont administrer la structure intercommunale
- ❍ d. vont défendre leur commune devant la structure intercommunale

8 L'essentiel de la formation professionnelle relève :
- ❍ a. du CCAS
- ❍ b. de la préfecture
- ❍ c. de la région
- ❍ d. du département

9 Un arrêté peut être :
- ❍ a. municipal
- ❍ b. préfectoral
- ❍ c. organique
- ❍ d. présidentiel

10 La communauté d'agglomération est :
- ❍ a. un EPCI qui dispose d'une fiscalité propre
- ❍ b. un EPCI qui ne dispose pas d'une fiscalité propre
- ❍ c. une nouvelle agglomération obtenue par la fusion de plusieurs communes
- ❍ d. une association de communes voisines

11 Les SIVU et les SIVOM :
- ❍ a. sont des EPCI
- ❍ b. ne sont pas des EPCI mais des syndicats
- ❍ c. disposent d'une fiscalité propre
- ❍ d. ne disposent pas d'une fiscalité propre
- ❍ e. n'existent plus depuis les lois « Chevènement » de 1999

12 Le CCAS, centre communal d'action sociale :
- ❍ a. dispose d'un budget autonome
- ❍ b. est un service de la commune
- ❍ c. est financé par le conseil départemental
- ❍ d. est un établissement public
- ❍ e. est subventionné par la commune
- ❍ f. est financé essentiellement par les dons et la générosité publique

13 Le préfet
- ❍ a. préside le conseil municipal pour l'adoption du budget
- ❍ b. dirige la chambre régionale des comptes
- ❍ c. valide le budget de la commune avant qu'il soit adopté par le conseil municipal
- ❍ d. n'a aucune compétence sur le budget du conseil départemental

⓮ Le préfet préside le conseil municipal pour l'adoption du budget.

❍ a. Vrai ❍ b. Faux

⓯ Le préfet dirige la chambre régionale des comptes.

❍ a. Vrai ❍ b. Faux

⓰ Le préfet valide le budget de la commune avant qu'il soit adopté par le conseil municipal.

❍ a. Vrai ❍ b. Faux

⓱ La délégation spéciale nommée « dans un délai de huit jours à compter de la dissolution, de l'annulation définitive des élections, de l'acceptation de la démission ou de la constatation de l'impossibilité de constituer le conseil municipal » est :

❍ a. nommée par le Premier ministre dans les villes de plus de 100 000 habitants

❍ b. désignée par le maire parmi les membres du conseil municipal

❍ c. désignée par le préfet parmi les membres du conseil municipal

❍ d. nommée par le préfet

⓲ Les députés sont automatiquement membres :

❍ a. de l'assemblée délibérante de leur département

❍ b. de l'assemblée délibérante de leur région

❍ c. de l'assemblée délibérante de leur commune

❍ d. de l'assemblée délibérante de leur préfecture

⓳ Dans les communes de plus de 5 000 habitants, il est tenu :

❍ a. un registre d'état civil

❍ b. deux registres d'état civil

❍ c. trois registres d'état civil

⓴ Le maire et ses adjoints sont, dès leur élection :

❍ a. officiers de l'état civil

❍ b. officiers de l'état civil, à condition d'être agréés par le procureur de la République

❍ c. officiers de l'état civil, à condition de réussir un examen organisé en préfecture

㉑ La collectivité territoriale « fer de lance » de l'aide et de l'action sociale est :

❍ a. la région

❍ b. le département

❍ **c.** le centre communal ou intercommunal d'action sociale
❍ **d.** la commune

22 Le principe d'égalité devant le service public est un principe fondamental qui a deux corrolaires :
❍ **a.** le principe de continuité
❍ **b.** le principe de laïcité
❍ **c.** le principe de neutralité
❍ **d.** le principe de gratuité

23 La commune perçoit, pour financer ses actions et rémunérer son personnel :
❍ **a.** une partie des impôts locaux
❍ **b.** une partie de l'impôt sur le revenu
❍ **c.** un pourcentage de la TVA payée dans les commerces situés sur son territoire
❍ **d.** une redevance postale pour chaque lettre affranchie sur son territoire

24 Les communautés urbaines regroupent obligatoirement :
❍ **a.** plusieurs communes formant un ensemble de plus de 500 000 habitants, sur un espace d'un seul tenant, sans enclave, qui peut s'étendre sur le même département
❍ **b.** plusieurs communes formant un ensemble de plus de 500 000 habitants, sur un espace d'un seul tenant, sans enclave, qui peut s'étendre sur un ou plusieurs départements
❍ **c.** plusieurs communes formant un ensemble de plus de 1 000 000 habitants, sur un espace d'un seul tenant, sans enclave, qui peut s'étendre sur un ou plusieurs départements

25 Les communautés urbaines, d'agglomération ou de communes sont gérées :
❍ **a.** par un conseil intercommunal composé de conseillers intercommunaux
❍ **b.** par un conseil communautaire composé de conseillers communautaires
❍ **c.** par un conseil communautaire composé de conseillers communaux
❍ **d.** par un conseil municipal composé de conseillers municipaux

26 Les communautés d'agglomération doivent regrouper :
❍ **a.** plusieurs communes urbaines dans un espace d'un seul tenant, sans enclave
❍ **b.** plusieurs communes rurales dans un espace d'un seul tenant, sans enclave

❍ **c.** les communes de la banlieue du chef-lieu de département avec leur chef-lieu

27 Les communautés de villes :

❍ **a.** vont remplacer les communautés d'agglomération à partir de 2014
❍ **b.** ont été remplacées par les communautés d'agglomération en 2002
❍ **c.** vont remplacer les petites communautés urbaines à partir de 2014

28 Les communautés urbaines, d'agglomération ou de communes sont gérées :

❍ **a.** par un conseil intercommunal composé de conseillers intercommunaux
❍ **b.** par un conseil communautaire composé de conseillers communautaires
❍ **c.** par un conseil para-municipal composé de conseillers para-municipaux
❍ **d.** par un conseil urbain composé de conseillers communaux

29 Les communautés de ville :

❍ **a.** ont remplacé les communautés d'agglomération en 2014
❍ **b.** ont été remplacées par les communautés d'agglomération en 2002
❍ **c.** vont remplacer les communautés d'agglomération à partir de 2017
❍ **d.** remplacent les plus petites communautés urbaines depuis le 1er janvier 2016

30 La France élit :

❍ **a.** 72 députés européens
❍ **b.** 74 députés européens
❍ **c.** 76 députés européens
❍ **d.** 78 députés européens

31 On est en France majeur à dix-huit ans depuis :

❍ **a.** le 21 juin 1907
❍ **b.** le 21 juin 1907 pour les hommes, le 5 juillet 1974 pour les femmes
❍ **c.** le 5 juillet 1974
❍ **d.** le 10 mai 1981

32 Un pôle métropolitain

❍ **a.** regroupe des communes autour d'une métropole
❍ **b.** regroupe des établissements publics de coopération intercommunale à fiscalité propre

❍ c. est un établissement public de coopération intercommunale à fiscalité propre
❍ d. regroupe des établissements publics de coopération intercommunale frontaliers

33 La métropole de Lyon :
❍ a. est un établissement public de coopération intercommunale à fiscalité propre
❍ b. est une collectivité territoriale à statut particulier
❍ c. s'est substituée au département du Rhône
❍ d. exerce les compétences des conseils départementaux et celles des métropoles

34 Un EPCI qui dispose d'une fiscalité propre :
❍ a. perçoit un impôt intercommunal dont il fixe librement le montant
❍ b. perçoit une partie de l'impôt sur le revenu
❍ c. perçoit une partie de la taxe d'habitation
❍ d. perçoit une partie de la taxe foncière

35 Un pôle d'équilibre territorial et rural :
❍ a. est un établissement public constitué par plusieurs EPCI à fiscalité propre
❍ b. est une communauté de petites communes rurales
❍ c. est l'équivalent rural d'un pôle métropolitain
❍ d. est soumis aux règles de fonctionnement d'un syndicat mixte

Corrigé

1. a ; 2. c ; 3. a ; 4. b et c ; 5. a, b et d ; 6. d ; 7. c ; 8. c ; 9. a et b ; 10. a ; 11. a et d ; 12. a, d et e ; 13. aucune bonne réponse ; 14. b ; 15. b ; 16. b ; 17. d ; 18. aucune bonne réponse ; 19. c ; 20. a ; 21. b ; 22. b et c ; 23. a ; 24. b ; 25. b ; 26. a ; 27. b ; 28. b ; 29. b ; 30. b ; 31. c ; 32. c ; 33. b et d ; 34. c et d ; 35. a, c et d.

PARTIE 4

Le département et la région

FICHE 31 LE DÉPARTEMENT

La France est composée de 96 départements en métropole et de 5 en outre-mer : ces 101 départements, découpés en 2 074 cantons (avec Paris), sont administrés par 4 128 conseillers départementaux (avec les conseillers de Paris). Les 5 départements d'outre-mer sont également des Régions.

- **Les départements ont été créés le 22 décembre 1789**, par la loi relative à la constitution des assemblées primaires et des assemblées administratives : il est alors seulement une division du territoire, pas encore une nouvelle collectivité.
- Le découpage territorial s'achève le 26 février 1790 : l'Assemblée constituante s'est efforcée de respecter autant que possible les limites des anciennes provinces.
- Le 21 mai 1790, le conseil général de Paris est créé : il est composé de 144 élus.
- La Constitution monarchique du 3 septembre 1791 établit que « le royaume est un et indivisible : son territoire est distribué en quatre-vingt-trois départements, chaque département en districts, chaque district en cantons ».
Le district est l'ancêtre de l'arrondissement.
- Le département est alors administré par un conseil général de 36 membres élus pour 2 ans, renouvelable par moitié chaque année.
Le conseil général du district, qui n'existe plus et n'a aucun équivalent, compte 12 élus.
- Les députés girondins sont partisans d'une large décentralisation, tandis que les jacobins imaginent une république unitaire centralisée. Les qualificatifs « girondin » et « jacobin » servent encore de nos jours à qualifier les partisans et les adversaires de la décentralisation.

REMARQUE DU FORMATEUR :
Par « girondin », on désigne un groupe de députés de l'Assemblée constituante dont plusieurs membres étaient députés de la Gironde, tandis que les députés démocrates qui se réunissaient au café Amaury, à Versailles, s'étaient installés dans le couvent dominicain des Jacobins lorsque l'Assemblée nationale a été transférée à Paris : c'est de là que vient leur nom (Robespierre était jacobin).

• La Constitution de 1795 modifie les administrations territoriales : elle découpe la France en 89 départements, divisés en cantons, divisés en communes. Les districts sont abandonnés. La Constitution du 13 décembre 1799, qui crée le Consulat, maintient le département et modifie son administration : des préfets et des sous-préfets sont nommés et révoqués par le Premier consul, puis par l'Empereur. Ils sont l'organe exécutif unique du département. Les préfets nomment alors les maires et leurs adjoints dans les communes de moins de 5 000 habitants et proposent au Premier consul, puis à l'Empereur, la nomination des maires des villes plus importantes.
Le roi Louis-Philippe rétablit, le 21 mars 1831 (pour les communes) et le 22 juin 1833 (pour les départements), l'élection au suffrage censitaire des conseillers municipaux et des conseillers généraux : au suffrage censitaire ne votent que « les citoyens actifs » c'est-à-dire les hommes qui paient au fisc l'équivalent d'au moins dix journées de travail.

• La loi du 10 août 1871 organise l'élection au suffrage universel direct du conseil général, elle prévoit déjà son renouvellement par moitié tous les 3 ans : un conseiller général est élu pour 6 ans dans chaque canton, au scrutin uninominal majoritaire à deux tours. Le conseil général ne possède alors pas encore de pouvoir de décision sur les affaires départementales : il ne peut qu'émettre des vœux sur les questions économiques et d'administration générale. Le préfet reste la seule autorité exécutive : le conseil général a surtout un rôle consultatif. Il faudra attendre la décentralisation pour que le conseil général devienne une collectivité territoriale autonome.

Remarque du formateur :
En 1924, Guillaume Seznec a été reconnu coupable du meurtre de Pierre Quéméneur, conseiller général du Finistère, disparu sur la route de Paris dans la nuit du 25 mai au 26 mai 1923. L'affaire Seznec constitue une des grandes énigmes policières et judiciaires françaises : le petit-fils de Guillaume Seznec continue à clamer l'innocence de son grand-père.

LE CONSEIL DÉPARTEMENTAL

Le département est administré par un organe délibérant, le conseil départemental, à qui les lois de décentralisation ont attribué un certain nombre de compétences, et un organe exécutif, le président du conseil départemental.

La loi du 13 août 2004, relative aux libertés et responsabilités locales, a transféré de nouvelles compétences aux communes, aux départements et aux régions (comme la gestion des routes nationales et le recrutement et la gestion des personnels techniciens, ouvriers et de service des collèges aux départements, le recrutement et la gestion des personnels techniciens, ouvriers et de service des lycées aux régions, etc.).

La loi n° 2013-403 du 17 mai 2013 (article 1) remplace le conseil général par le conseil départemental (CGCT, art. L. 3121-1), composé de conseillers départementaux élus lors des élections départementales.

1. Les compétences du conseil départemental

• Le conseil départemental « règle par ses délibérations les affaires du département » (CGCT, art. L. 3211-1), la loi du 16 décembre 2010 de réforme des collectivités territoriales ajoute, à compter du 1er janvier 2015 « dans les domaines de compétence que la loi lui attribue ». Il statue sur « tous les objets sur lesquels il est appelé à délibérer par les lois et règlements et, généralement, sur tous les objets d'intérêt départemental dont il est saisi ».

• La loi du 16 décembre 2010 clarifie les compétences des collectivités territoriales (art. 73 à 78). Elle crée les métropoles, qui vont récupérer, de plein droit ou par convention, un certain nombre des missions exercées par le conseil départemental.

• Elle prévoit qu'une collectivité territoriale peut, par convention, depuis le 1er janvier 2015, « déléguer à une collectivité territoriale relevant d'une autre catégorie ou à un établissement public de coopération intercommunale à fiscalité propre une compétence dont elle est attributaire, qu'il s'agisse d'une compétence exclusive ou d'une compétence partagée » (art. L.1111-8 CGCT). Elle précise que « la répartition des compétences entre les collectivités territoriales et l'État s'effectue, dans la mesure du possible, en distinguant celles qui sont mises à la charge de l'État et celles qui sont dévolues aux communes, aux départements ou aux régions de telle sorte que chaque domaine de compétences ainsi que les ressources correspondantes soient affectés en totalité soit à l'État, soit aux communes, soit aux départements, soit aux régions » (art. L.1111-4 CGCT). Les compétences attribuées par la loi aux collectivités territoriales le sont à titre exclusif : toutefois, la loi peut, à titre exceptionnel, prévoir qu'une compétence est partagée entre plusieurs catégories de collectivités territoriales (c'est le cas du tourisme, de la culture et du sport, partagés entre les communes, les départements et les régions). Lorsque la loi attribue une compétence exclusive à une collectivité territoriale, « les collectivités territoriales relevant d'une autre catégorie ne peuvent intervenir dans aucun des domaines relevant de cette compétence » (art. L.1111-4 CGCT). Il est néanmoins prévu que les collectivités collaborent entre elles : « le département peut contribuer au financement des opérations dont la maîtrise d'ouvrage est assurée par les communes ou leurs groupements ; la région peut contribuer au financement des opérations d'intérêt régional des départements, des communes et de leurs groupements, ainsi que des groupements d'intérêt public » (art. L.1111-10 CGCT, en vigueur à compter du 1er janvier 2012).

• Le conseil départemental est responsable :
– de **la construction et l'entretien des collèges** (les enseignants et les programmes restent de la compétence de l'État), du personnel ATOS, techniciens et ouvriers de services des collèges ;
– des **transports et « ramassages » scolaires** ;
– de **la construction et de l'entretien des routes départementales** ;
– de **l'aide sociale et sanitaire** ;
– de **la protection de l'enfance** (l'ASE, l'aide sociale à l'enfance, a remplacé la DDASS pour cette mission le 6 janvier 1986) ;
– de **la protection maternelle et infantile** (PMI) (pour les mères et les enfants, du début de la grossesse aux six ans de l'enfant), et la prévention (campagnes de vaccination et de dépistage).

• **Le conseil départemental gère l'aide sociale (obligatoire), c'est-à-dire le RSA** (revenu de solidarité active), **mais aussi l'APA** (l'allocation personnalisée à l'autonomie, pour aider les personnes âgées dépendantes) : l'action sociale (facultative) est de la compétence du CCAS de la commune. **Le conseil départemental gère également l'action culturelle et participe à l'amélioration de l'habitat. Le conseil départemental gère le service départemental d'incendie et de secours (SDIS).**

2. Le fonctionnement du conseil départemental

• **Le conseil départemental se réunit au moins une fois par trimestre, à l'initiative de son président** (CGCT, art. L. 3121-9).
Il peut aussi être réuni à la demande de la commission permanente (composée du président, de quatre à dix vice-présidents et d'un, ou plusieurs, autres membres), ou du tiers de ses membres (CGCT, art. L. 3121-10).

• La **commission permanente** du conseil départemental est une formation restreinte du conseil départemental, présidée par le président du conseil départemental. Elle est composée à la proportionnelle d'élus de chaque groupe politique. Elle assure la permanence du conseil départemental entre ses séances plénières : l'assemblée départementale lui délègue une partie de ses attributions. La commission permanente du conseil départemental statue sur les affaires courantes. Elle se réunit en général une fois par mois. Le président préside également le bureau, composé de lui-même et des membres de la commission permanente qui ont reçu délégation (CGCT, art. L. 3122-8) : le bureau est en général composé d'élus de la majorité (le président et les vice-présidents), alors que l'opposition siège à la commission permanente.
Les séances du conseil départemental sont publiques (CGCT, art. L. 3121-11).

3. Les ressources du conseil départemental

Le conseil départemental perçoit, pour financer ses actions et son personnel, **une partie des impôts locaux** (taxe d'habitation, taxe foncière, redevance des mines et des hydrocarbures, contribution économique territoriale), **et, comme la commune, une dotation de l'État**.

4. Le service départemental d'incendie et de secours (SDIS)

• Le service départemental d'incendie et de secours (SDIS) est un établissement public administratif (EPA) doté d'une assemblée délibérante, qui gère les sapeurs-pompiers du département : les lois de décentralisation ont attribué cette compétence au conseil départemental.
Il n'y a pas de SDIS à Paris et dans la petite couronne : la brigade des sapeurs-pompiers de Paris (BSPP) y assure la mission du SDIS. La BSPP est militaire.
Le SDIS-13 (Bouches-du-Rhône) cohabite avec le bataillon de marins-pompiers de Marseille (BMPM), militaire lui aussi.

FICHE 32

- Le SDIS est soumis à une double autorité :
– l'autorité opérationnelle du préfet et du maire, qui entre dans leurs pouvoirs de police respectifs ;
– l'autorité administrative de leur conseil d'administration (CASDIS), qui comprend des conseillers départementaux, des maires et des représentants des EPCI.

- Le SDIS a pour missions :
– la lutte contre l'incendie,
– la prévention et l'évaluation des risques technologiques et naturels,
– la préparation des mesures de sauvegarde et l'organisation des moyens de secours,
– la protection des personnes, des biens et de l'environnement,
– les secours d'urgence aux personnes victimes d'accidents, de sinistres ou de catastrophes naturelles, et leur évacuation.

FICHE 33 LES CONSEILLERS DÉPARTEMENTAUX

Les conseillers départementaux siègent au conseil départemental, qui administre le département : deux conseillers départementaux sont élus en binôme dans chaque canton.

1. Les conseillers départementaux

- **Les conseillers départementaux sont élus au suffrage universel, tous les six ans, lors des élections départementales**, qui ont lieu le même jour que les élections régionales.

- Ils sont élus au scrutin majoritaire binominal paritaire mixte : l'électeur vote pour un binôme composé d'un homme et d'une femme (dont les noms sont ordonnés dans l'ordre alphabétique sur les bulletins de vote). Il s'agit bien de deux candidats qui sont élus ensemble, et chacun dispose d'un(e) suppléant(e) de même sexe. Une fois élus, les deux candidats du binôme exercent leurs mandats de façon individuelle. Ils doivent, pour leur campagne, déclarer un même mandataire financier et disposer d'un compte bancaire unique. Ils peuvent se présenter au second tour s'ils obtiennent un nombre de suffrages égal au moins à 12,5 % du nombre des électeurs inscrits. Si un seul binôme de candidats remplit ces conditions, le binôme qui est en seconde position peut se maintenir au second tour. Si aucun binôme ne remplit ces conditions, les deux binômes qui ont obtenu le plus grand nombre de suffrages au premier tour peuvent se maintenir au second. Si plusieurs binômes obtiennent le même nombre de suffrages, le binôme qui comporte le candidat le plus âgé est élu.

- Afin de conserver un nombre identique de conseillers départementaux, le nombre de cantons a été divisé par deux (de 4 035 à 2 054), ce qui a nécessité un redécoupage territorial. Le nombre de cantons passe de 4 035 à 2 054, et le nombre total de conseillers généraux passe ainsi de 4 035 à 4 108.
La loi du 17 mai 2013, qui a organisé ce découpage territorial, prévoit que le nombre de cantons par département obéit à des règles essentiellement démographiques, avec un minimum de 13 cantons pour les départements de plus de 150 000 habitants et de 17 pour les départements de plus de 500 000 habitants.

Les cantons de Martinique et de Guyane ont disparu en décembre 2015, suite à la transformation de ces collectivités en collectivités uniques : la collectivité territoriale de Martinique et la collectivité territoriale de Guyane se sont substituées aux conseils généraux et régionaux pour cumuler leurs compétences. C'est la loi constitutionnelle du 28 mars 2003 qui a donné aux départements et Régions d'outre-mer la possibilité de se doter d'une collectivité unique exerçant les compétences départementales et régionales. En 2009, la Guadeloupe et La Réunion ont par référendum refusé cette transformation.

- **Il faut avoir 18 ans pour se présenter aux élections départementales** (depuis le 5 avril 2000, 21 ans auparavant), et il faut être de nationalité française. Il faut être domicilié dans le département, ou y payer ses impôts directs.

- **Les conseillers départementaux élisent en leur sein leur président, pour la durée de leur mandat.**
Il est assisté de vice-présidents élus.

2. Le président du conseil départemental

- **Le président du conseil départemental est l'organe exécutif du département** (CGCT, art. L. 3221-1). Il peut désormais signer des arrêtés.
- **Il est l'ordonnateur des dépenses du budget de son département** (CGCT, art. L. 3221-2).
- **Il est le chef du personnel départemental,** comme le maire est le chef du personnel municipal.
- **Il peut déléguer l'exercice d'une partie de ses fonctions aux vice-présidents, ils constituent ensemble le bureau.**
- **Il a des pouvoirs de police administrative sur la voirie départementale** (CGCT, art. L. 3221-4), en dehors des agglomérations, mais il ne peut pas requérir la force publique : le président du conseil départemental n'est pas OPJ.
- **Le président du conseil départemental dispose aussi de pouvoirs de police administrative dans les ports maritimes départementaux** (CGCT, art. L. 3221-6).

FICHE 34 LA RÉGION

La France est désormais divisée en 18 Régions : 13 se trouvent en métropole (dont la Corse), 5 en outre-mer.
Une région regroupe plusieurs départements.

• **Le pouvoir central déconcentré est représenté par un préfet de région, installé dans la préfecture de région. Il assure le contrôle de légalité des actes et des délibérations du conseil régional. Il coordonne l'action des préfets.** Le préfet de région cumule souvent les fonctions de préfet de région et de préfet du département dans lequel est située la préfecture de région.

• La région a été administrativement créée le 28 octobre 1956, mais plusieurs tentatives avaient déjà été tentées en 1917, 1919 et le 11 juin 1938, date à laquelle 20 « régions économiques » sont créées autour des chambres de commerce, qui en assurent le financement.
Le 19 avril 1941, le gouvernement du maréchal Pétain nomme des « préfets de région » chargés de la police et du ravitaillement : ils disparaîtront le 10 janvier 1944.
Le 14 mars 1964, les commissions de développement économique et régional sont créées par décret. Elles deviendront conseils régionaux le 5 juillet 1972.

• Lors du référendum du 27 avril 1969, le général de Gaulle, alors président de la République, a proposé trois réformes différentes, dont une forme de régionalisation, donc, de décentralisation. Le non l'a emporté. Le général de Gaulle a démissionné.

Le 17 décembre 2014, l'Assemblée nationale adopte la nouvelle carte des 13 Régions en dernière lecture : ce nouveau découpage entre en vigueur le 1er janvier 2016, après les élections régionales des 6 et 13 décembre 2015. En métropole, près de 43,96 millions d'électeurs étaient appelés aux urnes pour départager 38 listes (soit 5 472 candidats), 24,47 millions de suffrages ont été enregistrés (plus 720 731 bulletins blancs et 533 563 bulletins nuls), et 18,22 millions d'électeurs (41,47 %) se sont abstenus.

Carte des régions

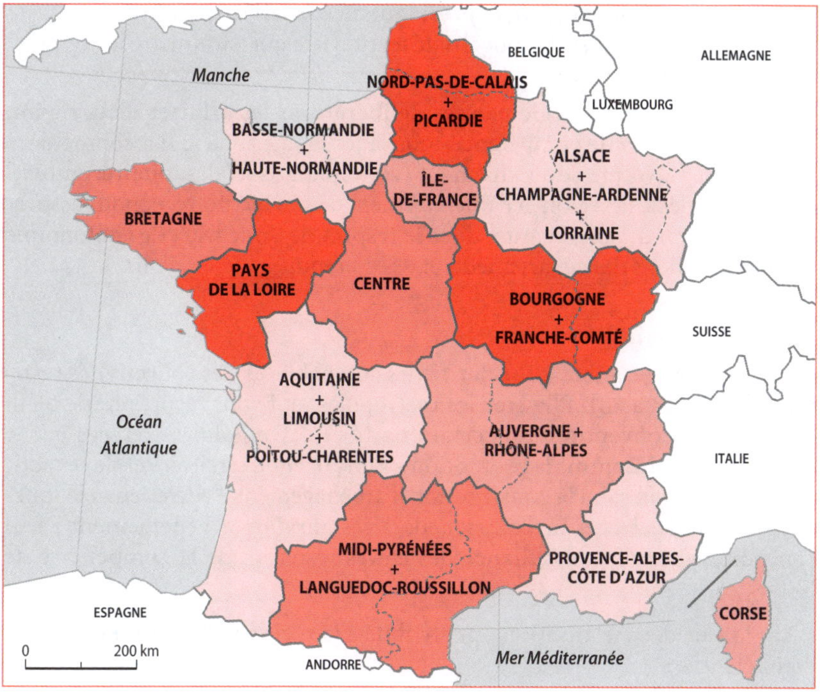

FICHE 34

FICHE 35 LE CONSEIL RÉGIONAL

La région est administrée par un organe délibérant, le conseil régional, et un organe exécutif, le président du conseil régional.
Le conseil régional est la collectivité territoriale qui administre la région.

Le conseil régional « règle par ses délibérations les affaires de la région dans les domaines de compétences que la loi lui attribue ». Il a compétence pour « promouvoir le développement économique, social, sanitaire, culturel et scientifique de la région et l'aménagement de son territoire, et pour assurer la préservation de son identité, dans le respect de l'intégrité, de l'autonomie et des attributions des départements et des communes » (CGCT, art. L. 4221-1).

1. Les compétences du conseil régional

• La loi du 16 décembre 2010 clarifie les compétences des collectivités territoriales (art. 73 à 78). Elle crée les métropoles, qui vont récupérer, de plein droit ou par convention, un certain nombre des missions exercées par le conseil régional, comme la promotion à l'étranger du territoire et de ses activités économiques, ou la construction, l'aménagement, l'entretien et le fonctionnement des lycées (avec l'accueil, la restauration, l'hébergement : seul l'encadrement et la surveillance des élèves resteront de la compétence de l'État).

• Les lois de décentralisation ont attribué à la région un certain nombre de compétences :
– **la construction et l'entretien des lycées**, depuis le 1er janvier 1986 (les enseignants et les programmes restent de la compétence de l'État), de certains établissements d'enseignement supérieur (les universités restent du domaine de l'État), **le personnel ATOS, techniciens et ouvriers de services des lycées** (depuis la loi du 13 août 2004) ;
– **la construction, l'entretien et la gestion des résidences universitaires** ;
– **la création et la gestion des parcs naturels régionaux** ;
– **le financement et le développement des transports en commun** (trains régionaux et parfois interrégionaux, bus, métros) ;
– **le cofinancement des routes, rocades et autoroutes** ;
– **le financement et la coordination**, depuis juin 1983, **des centres d'apprentissage et de la formation professionnelle** (pour les adultes) ;
– **la préservation de l'identité régionale** (traditions, folklore, gastronomie).

• **Le développement économique est le principal domaine d'intervention du conseil régional** : toutes les collectivités interviennent sur l'activité économique, à des degrés divers, mais la région « coordonne sur son territoire les actions de développement économique des collectivités territoriales et de leurs groupements » depuis la loi du 13 août 2004.

> Les récentes réformes territoriales vont continuer à modifier les compétences des Régions et des départements. Il est même envisagé que les conseils départementaux disparaissent « à l'horizon 2021 » : leurs compétences seraient alors partagées entre les Régions et les structures intercommunales.

• Le conseil régional élabore un schéma régional d'aménagement et de développement du territoire (SRADT) et signe avec l'État des contrats de projets, qui ont succédé aux contrats de plan et qui doivent désormais se concentrer sur la compétitivité et l'attractivité des territoires, le développement durable et la cohésion sociale. Il élabore un schéma régional des infrastructures et des transports, qui organise les services de transport routier non urbain des personnes et les transports ferroviaires régionaux (TER) depuis le 1er janvier 2002.

La Région est également compétente pour aménager, entretenir et gérer les aérodromes civils appartenant à l'État ; aménager, entretenir et gérer les ports non-autonomes relevant de l'État ; exercer des activités en matière de vaccination, de lutte contre la tuberculose, la lèpre, le sida et les infections sexuellement transmissibles.

2. Les finances du conseil régional

La région perçoit pour financer ses actions et son personnel une partie des impôts locaux (taxe d'habitation, taxe foncière, contribution au développement de l'apprentissage, contribution économique territoriale) **et des subventions de l'État**. La région Île-de-France perçoit la taxe spéciale d'équipement de la région Île-de-France.

3. Le fonctionnement du conseil régional

Le fonctionnement du conseil régional est assez proche de celui du conseil départemental, il est prévu par les articles L. 4111-1 à L. 4341-1 du Code général des collectivités territoriales.

Le conseil régional est également doté d'une commission permanente et d'un bureau.

4. Le conseil économique, social et environnemental régional (CESER)

- **Le conseil régional est conseillé par un conseil économique, social et environnemental régional, composé d'acteurs de la vie sociale, économique et culturelle régionale. Il a un rôle consultatif.** Il comprend de 40 à 110 membres désignés (et non élus) pour six ans renouvelables, répartis en quatre catégories socioprofessionnelles appelés « collèges » :
  – le collège des entreprises et activités non salariées (35 % des sièges),
  – le collège des organisations syndicales de salariés (35 % des sièges),
  – le collège des organismes participant à la vie collective de la région (25 % des sièges),
  – le collège des personnalités qualifiées participant au développement régional (5 % des sièges).

- Il existe également un conseil économique et social national qui siège, à Paris, au palais d'Iéna.

FICHE 36 LES CONSEILLERS RÉGIONAUX

Les conseillers régionaux siègent au conseil régional, qui administre la région. La France compte 1 757 conseillers régionaux.

1. Les conseillers régionaux

- **Les conseillers régionaux sont élus tous les six ans au suffrage universel direct, au scrutin proportionnel de liste, lors des élections régionales.**

- Dans toutes les régions, « les collèges électoraux sont convoqués le même jour » (Code élect., art. L. 336).

La première élection des conseillers régionaux au suffrage universel direct a eu lieu le 16 mars 1986 : auparavant, ils étaient élus au suffrage universel indirect parmi un collège électoral composé des parlementaires de la région, des maires des grandes villes, des représentants désignés par les autres maires et des représentants des conseils généraux.

Le nombre total de conseillers régionaux reste à peu près identique malgré la nouvelle carte des Régions : dans le cas de regroupements de Régions (la nouvelle Région Aquitaine est composée de l'ancienne Aquitaine, de l'ancien Limousin et de l'ancienne Poitou-Charentes), l'effectif du conseil régional est égal à la somme des effectifs des conseils régionaux regroupés.
Le nombre de candidats par section départementale est déterminé en fonction de la population de chaque département, à la représentation proportionnelle : les départements dont la population est inférieure à 100 000 habitants élisent au moins deux conseillers régionaux ; les départements dont la population est supérieure à 100 000 habitants en élisent au moins quatre.

- **Il faut avoir 18 ans pour se présenter aux élections régionales** (depuis le 5 avril 2000, 21 ans auparavant). Il faut être de nationalité française. Il faut être domicilié dans la région, ou y payer ses impôts directs. Les élections régionales doivent respecter le principe de parité institué par la loi du 7 juin 2000 : l'écart entre le nombre de candidats de chaque sexe ne peut être supérieur à un (Code électoral, art. L. 264).

- **Les conseillers régionaux élisent en leur sein leur président, pour six ans.** Il est assisté de vice-présidents élus.

2. L'élection des conseillers régionaux

• Les lois du 20 janvier 1999 et du 11 avril 2003 ont modifié le mode d'élection des conseils régionaux, même si la loi du 20 janvier 1999 n'a jamais été appliquée.
La loi du 11 avril 2003 a introduit une prime majoritaire, proche de celle qui existait déjà pour les élections municipales : avant son adoption, les conseillers régionaux étaient élus au scrutin de liste à un tour.
Ils le sont désormais à la représentation proportionnelle, avec un scrutin de liste majoritaire à deux tours : ce scrutin va disparaître lorsque les conseillers territoriaux seront élus au scrutin uninominal majoritaire à deux tours lors des élections territoriales.

• La liste qui obtient la majorité absolue au premier tour de scrutin, ou la majorité relative au second tour de scrutin, obtient automatiquement le quart du nombre des sièges à pourvoir : la prime majoritaire est de 25 % des sièges (elle est de 50 % pour les élections municipales).
Seuls les trois quarts restant sont partagés en fonction du nombre de voix obtenues par chacune des listes ayant obtenu au moins 5 % des voix.
En cas d'égalité entre deux listes, la liste dont les candidats ont la moyenne d'âge la plus élevée l'emporte.

• Les listes qui ont obtenu 10 % des voix au 1er tour peuvent se présenter au second tour (il faudra obtenir 12,5 % des suffrages pour pouvoir se présenter au 2e tour des élections territoriales).
Les listes qui ont obtenu au moins 5 % des suffrages exprimés lors du premier tour peuvent fusionner avant le second tour.
Les sièges attribués à chaque liste sont répartis entre les sections départementales qui la composent au prorata des voix obtenues par la liste dans chaque département.

Les dernières élections régionales ont eu lieu les 6 et 13 décembre 2015. La loi du 17 mai 2013 avait prévu que les renouvellements des conseils régionaux soient organisés en mars 2015, en même temps que ceux des conseils départementaux, mais la loi du 16 janvier 2015 relative à la délimitation des Régions a modifié ce calendrier pour que les élections régionales soient organisées dans le cadre des nouvelles Régions.

3. Le président du conseil régional

Le président du conseil régional est l'organe exécutif de la région (CGCT, art. L. 4231-1), **il « prépare et exécute les délibérations du conseil régional ».**
Il « gère le domaine de la région » (CGCT, art. L. 4231-4).
Il est l'ordonnateur des dépenses du budget de la région qu'il préside (CGCT, art. L. 4231-2).
Il « est seul chargé de l'administration » : il est le chef du personnel régional, comme le maire est le chef du personnel municipal.
Il peut « déléguer par arrêté, sous sa surveillance et sa responsabilité, **l'exercice d'une partie de ses fonctions aux vice-présidents** […] ».

FICHE 36

FICHE 37

LA CHAMBRE RÉGIONALE DES COMPTES

• **La Cour des comptes est une juridiction administrative qui contrôle la régularité des comptes publics** (État, établissements publics, entreprises publiques, sécurité sociale, organismes privés bénéficiant d'une aide de l'État ou « faisant appel à la générosité du public »). Elle transmet le résultat de ses travaux au Parlement, au gouvernement et à l'opinion publique, à travers un rapport annuel très apprécié des médias, qui pointe les gaspillages et les aberrations dans la gestion des fonds publics.

• Le code des juridictions financières (CJF) définit ainsi sa mission : « La Cour des comptes juge les comptes des comptables publics, sous réserve de la compétence que les dispositions du présent code attribuent, en premier ressort, aux chambres régionales et territoriales des comptes ; elle statue sur les appels formés contre les décisions juridictionnelles rendues par les chambres régionales et territoriales des comptes. »

• Depuis la loi n° 82-213 du 2 mars 1982 « relative aux droits et libertés des communes, des départements et des régions », **la Cour des comptes est assistée de chambres régionales des comptes** (CJF, art. L. 210-1 et suivants), qui jugent, dans leur ressort, « l'ensemble des comptes des comptables publics des collectivités territoriales et de leurs établissements publics ainsi que les comptes des personnes qu'elle a déclaré comptables de fait » (CJF, art. L. 211-1). L'article 47 de la Constitution précise que « la cour assiste le Parlement et le gouvernement dans le contrôle de l'exécution des lois de finances », elle « s'assure du bon emploi des crédits, fonds et valeurs gérés par les services de l'État ».

1. La composition de la Cour des comptes

• La Cour des comptes siège au palais Cambon, à Paris (1er arrondissement). Son président actuel est Didier Migaud (depuis 2010). Il a succédé à Philippe Seguin.

• La Cour n'est pas un tribunal : elle ne prononce pas de jugements, elle émet des rapports et rend des avis. Elle est l'expert-comptable du gouvernement, son commissaire aux comptes.
Lorsque la Cour estime que le compte qu'elle a examiné est régulier, elle donne quitus au comptable de sa gestion.

• La Cour comprend sept chambres composées d'un président de chambre, de conseillers maîtres, de conseillers référendaires, d'auditeurs, de rapporteurs et d'experts : chaque chambre a une spécialité.

2. Les chambres régionales et territoriales des comptes (CRTC)

• **Les chambres régionales des comptes sont des juridictions administratives qui contrôlent la régularité des comptes des collectivités territoriales et des établissements publics locaux** (EPCI, hôpitaux, offices HLM, collèges, lycées, etc.).

• **Les chambres territoriales des comptes sont des juridictions financières qui exercent dans les collectivités d'outre-mer les mêmes missions que les chambres régionales des comptes en France métropolitaine et dans les départements d'outre-mer.** Il y a cinq chambres territoriales des comptes : Nouvelle-Calédonie, Polynésie française, Saint-Barthélemy, Saint-Martin et Saint-Pierre-et-Miquelon.

• **La Cour est le supérieur hiérarchique des chambres régionales et territoriales.**
La Cour est le juge d'appel des chambres régionales et territoriales.
Le Conseil d'État en est le juge de cassation.

• **Les chambres régionales des comptes participent aux procédures de contrôle budgétaire**, en proposant au préfet les solutions à mettre en œuvre lorsque le budget des collectivités n'a pas été voté dans les délais légaux, quand il est voté en déséquilibre ou fortement déficitaire par exemple.

FICHE 38 TEST : QCM

FICHE 38

Jouez le jeu : ne regardez pas les réponses avant de répondre ! N'hésitez pas à faire quelques recherches, si la bonne réponse ne se trouve pas dans les pages que vous venez d'étudier…
Attention : pour certaines questions, plusieurs réponses sont attendues.

1 Le président de la République peut dissoudre :

❍ a. le Sénat
❍ b. l'Assemblée nationale
❍ c. le Conseil des ministres
❍ d. le Conseil d'État

2 La Cour des comptes est une juridiction administrative :

❍ a. qui peut sanctionner les comptables publics qui ne respectent pas la loi
❍ b. qui contrôle la régularité des comptes publics
❍ c. qui transmet le résultat de ses travaux au Parlement, au gouvernement et à l'opinion publique
❍ d. qui valide le budget de l'État avant son adoption par le Parlement

3 Le maire doit obtenir l'autorisation de son conseil municipal :

❍ a. pour signer un arrêté
❍ b. pour célébrer un mariage
❍ c. pour célébrer un baptême civil
❍ d. pour adopter, seul, une délibération

4 Sous l'autorité de qui le maire exerce-t-il ses prérogatives de police administrative ?

❍ a. Le procureur de la République
❍ b. Le juge administratif
❍ c. Le préfet

5 Qui est le président du conseil municipal ?

❍ a. Le préfet
❍ b. Le président du conseil municipal
❍ c. Le maire
❍ d. Le sous-préfet

6 Par qui sont élus les membres du Conseil constitutionnel ?

❍ a. Les parlementaires
❍ b. Les députés
❍ c. Les sénateurs
❍ d. Les ministres réunis en Congrès

7 L'organe exécutif de la commune est :
- a. le conseil municipal
- b. le conseil municipal et le maire
- c. le maire et ses adjoints
- d. le préfet en tant que représentant du gouvernement

8 Les conseillers départementaux sont élus :
- a. pour six ans
- b. pour cinq ans
- c. pour trois ans

9 Les conseillers régionaux sont élus :
- a. pour six ans
- b. pour cinq ans
- c. pour trois ans

10 Le président du conseil régional :
- a. est l'organe exécutif de la Région
- b. est l'ordonnateur des dépenses du budget de la Région
- c. est le chef du personnel de la Région
- d. a été élu président au suffrage universel direct par les électeurs de la Région

11 La France compte désormais :
- a. 1 880 conseillers régionaux et 18 Régions
- b. 1 757 conseillers régionaux et 13 Régions
- c. 3 971 conseillers régionaux et 15 Régions
- d. 2 054 conseillers régionaux et 12 Régions

12 Le principal domaine d'intervention du conseil régional est :
- a. la lutte contre les inégalités sociales
- b. le développement économique
- c. la protection de l'environnement
- d. la construction d'autoroutes et de lignes à grande vitesse (LGV) pour désenclaver les régions

13 En décembre 2015, la création de collectivités territoriales exerçant les compétences départementales et régionales a fait disparaître les cantons :
- a. de La Réunion
- b. de la Martinique
- c. de la Guadeloupe
- d. de la Guyane

FICHE 38

14 Un scrutin majoritaire binominal permet d'élire :

❍ a. un binôme composé d'un titulaire et d'un suppléant

❍ b. un binôme composé de deux candidats qui exerceront leur mandat de façon individuelle

❍ c. se déroule à la proportionnelle (celui des deux qui obtient le plus de voix est élu)

❍ d. un binôme composé d'un homme et d'une femme s'il s'agit d'un scrutin paritaire mixte

15 La construction et l'entretien des bâtiments des écoles primaires publiques est de la compétence :

❍ a. du département

❍ b. de la commune

❍ c. du ministère de l'Éducation nationale

❍ d. de la région

16 Les recettes fiscales des collectivités territoriales sont composées entre autres :

❍ a. de la taxe d'habitation

❍ b. d'une partie de l'impôt sur le revenu des personnes physiques

❍ c. de la taxe professionnelle

❍ d. de la CGS/CRDS

17 La préparation du budget local est effectuée :

❍ a. par l'exécutif local

❍ b. par l'assemblée délibérante

❍ c. par la chambre régionale des comptes

❍ d. par les services de la préfecture

18 Pour un fonctionnaire territorial, le droit de changer de collectivité territoriale s'appelle :

❍ a. la disponibilité

❍ b. la mutation

❍ c. la position hors-cadre

19 La loi du 12 juillet 1999 dite « loi Chevènement » porte sur :

❍ a. la déconcentration

❍ b. la fonction publique territoriale

❍ c. le transfert de compétences de l'État aux collectivités territoriales

❍ d. l'intercommunalité

FICHE 38

20 Les autorités déconcentrées :

- a. sont des autorités qui se saisissent d'affaires ne relevant pas de leur compétence
- b. exercent au nom de l'État des compétences au niveau local
- c. sont élues au suffrage universel
- d. administrent librement les affaires locales

21 La commune n'est pas :

- a. un établissement public
- b. une personne morale de droit privé
- c. une collectivité territoriale
- d. une personne morale de droit public
- e. une administration déconcentrée

22 Le contentieux électoral est de la compétence, pour les élections nationales (l'élection présidentielle, les élections législatives, les élections sénatoriales) :

- a. du Conseil constitutionnel
- b. des juridictions administratives
- c. du Conseil d'État

Corrigé

1. b ; 2. b et c ; 3. Aucune bonne réponse ; 4. c ; 5. c ; 6. Aucune bonne réponse : ils sont nommés ; 7. c ; 8. a ; 9. a ; 10. a, b et c ; 11. b ; 12. b ; 13. b et d ; 14. b et d ; 15. b ; 16. a et c ; 17. a ; 18. b ; 19. d ; 20. b ; 21. a, b et e ; 22. b.

PARTIE 5

Les élections

LES ÉLECTIONS ET LES MODES DE SCRUTIN

1. Les élections locales

• Les élections locales sont les élections **municipales** (pour élire les conseillers municipaux), les élections **départementales** (pour élire les conseillers départementaux) et les élections **régionales** (pour élire les conseillers régionaux).

• Les élections municipales ont eu lieu en 2014 (les 23 et 30 mars). Les prochaines auront lieu en 2020. Les premières élections départementales ont eu lieu les 22 et 29 mars 2015 : elles ont remplacé les élections cantonales. Les prochaines auront lieu en 2021. Les dernières élections régionales ont eu lieu les 6 et 13 décembre 2015. Les prochaines auront lieu en 2021.

2. Les élections nationales

• Les élections nationales sont l'élection **présidentielle** (pour élire le président de la République), les élections **législatives** (pour élire les députés) et les élections **sénatoriales** (pour élire les sénateurs).

• L'élection la plus célèbre de France est l'élection présidentielle : elle permet d'élire le président de la République au suffrage universel direct, au scrutin majoritaire uninominal à deux tours. L'élection présidentielle a eu lieu en 2007 (les 22 avril et 6 mai) et en 2012 (également, c'est un hasard, les 22 avril et 6 mai). Les prochaines auront lieu en 2017.
Le président de la République est élu pour cinq ans : le quinquennat a remplacé, le 2 octobre 2000, le septennat, instauré le 20 novembre 1873.
Le président de la République est élu au suffrage universel depuis le 6 novembre 1962, il l'était auparavant par les deux chambres réunies en Congrès : c'est la Constitution du 4 octobre 1958 qui a modifié les modalités de son élection.

REMARQUE DU FORMATEUR :
Lorsque les deux chambres du Parlement se réunissent pour voter ensemble un texte de loi, ou, sous la IVe République, pour élire le président de la République, on dit qu'elles siègent en Congrès. Le Congrès ne peut se tenir qu'à Versailles, dans la salle originelle du Parlement qui jouxte le château.

Les élections législatives ont eu lieu en 2007 (les 10 et 17 juin) et en 2012 (également les 10 et 17 juin). Les suivantes auront lieu en 2017.

- Les députés sont élus pour cinq ans au suffrage universel direct, au scrutin majoritaire, uninominal à deux tours, par circonscription électorale.
Il y a 577 circonscriptions électorales législatives en France, 577 députés siègent donc à l'Assemblée nationale. Le nombre de circonscriptions dans un département dépend du nombre d'habitants : de 2 à 24 selon le département (24 dans le Nord, le département le plus peuplé de France, 2 dans la Creuse).
Le député a un mandat national : il est élu dans une circonscription, mais il représente l'ensemble de la nation.

- Un député dont le siège devient vacant est remplacé par son suppléant, élu en même temps que lui (code électoral, art. LO. 176).

- Les sénateurs sont désormais élus pour six ans au suffrage universel indirect, au scrutin majoritaire, uninominal ou plurinominal proportionnel à deux tours. Ils élisent ensuite leur président, pour trois ans. Le président du Sénat assure l'intérim du président de la République quand celui-ci est empêché d'exercer ses fonctions (décès, maladie, démission, etc.).

- Les sénateurs ne sont pas élus directement par le peuple : ils sont élus par des élus du peuple que l'on appelle les « grands électeurs » (les maires, leurs adjoints et les conseillers municipaux, les députés, les conseillers départementaux, les conseillers régionaux et les conseillers territoriaux des territoires d'outre-mer). Les grands électeurs sont environ 145 000.

- Les sénateurs sont élus au scrutin proportionnel de liste dans les 39 départements qui désignent au moins 4 sénateurs, et au scrutin majoritaire uninominal dans les 70 départements qui en désignent moins de 4.

- Le Sénat était jadis composé de 321 sénateurs élus pour neuf ans. Il était renouvelé par tiers tous les trois ans. La loi organique (LO) du 30 juillet 2003 a prévu que les sénateurs seraient élus pour six ans à partir des renouvellements sénatoriaux de 2004 et de 2007.
Le nombre de sénateurs est actuellement de 348.

- L'Assemblée nationale peut être dissoute par le président de la République, mais le Sénat est indissoluble.

3. Les élections européennes

• Les élections européennes permettent aux électeurs français (et européens des 28 pays membres de l'Union qui résident en France) d'élire 751 députés européens qui vont siéger cinq ans au Parlement européen.
Le siège du Parlement est à Strasbourg, où il tient ses séances plénières.
Les commissions (ainsi que certaines séances plénières supplémentaires) se déroulent à Bruxelles (Belgique). Le secrétariat général est à Luxembourg.

• La France élit 74 députés au Parlement européen. L'Allemagne (le pays le plus peuplé d'Europe) en a 96, les plus petits (Malte, Chypre, Luxembourg…) en ont 6. La Belgique en a 22 et le Danemark, 13.

• Les 74 députés européens sont, en France, élus au suffrage universel direct, par scrutin de listes, de façon proportionnelle, dans huit circonscriptions interrégionales créées pour l'occasion : Nord-Ouest (10 sièges), Ouest (9), Est (9), Sud-Ouest (10), Massif central-Centre Limousin (5), Sud-Est (13), Île-de-France (15) et Outre-mer (3). Les dernières élections européennes ont eu lieu le 25 mai 2014 ; les prochaines sont prévues en mai 2019.

• Depuis septembre 1992, le traité de Maastricht (Pays-Bas) autorise les citoyens des 28 pays de l'Union à voter et à être candidat dans leur pays de résidence, même s'ils n'en ont pas la nationalité.
La loi française du 25 mai 1998 permet aux citoyens d'un État membre de l'Union européenne (UE), âgés d'au moins 23 ans, domiciliés ou résidents de longue durée en France et jouissant du droit d'éligibilité dans leur pays d'origine de se présenter, en France, aux élections européennes (sous réserve évidemment de ne pas exercer certaines fonctions ou mandats incompatibles). Les citoyens de l'UE, âgés d'au moins 18 ans, domiciliés ou résidents de longue durée en France et disposant du droit de vote dans leur pays d'origine, peuvent donc s'inscrire sur les listes électorales françaises.

4. Les différents suffrages et scrutins

• Le **suffrage universel** signifie que tous les électeurs inscrits sur les listes électorales peuvent voter.

• Le **suffrage universel direct** signifie que tous les électeurs inscrits sur les listes électorales peuvent voter directement pour le candidat de leur choix : les élections présidentielles, législatives ou cantonales se déroulent au suffrage universel direct.

Les élections sénatoriales se font au **suffrage universel indirect** : les sénateurs sont élus par des grands électeurs élus par les électeurs.
Les élections municipales se font au suffrage universel direct : les électeurs inscrits sur les listes électorales peuvent voter directement pour le candidat ou pour la liste de leur choix (selon le nombre d'habitants dans la commune).
L'élection du maire se fait au suffrage universel indirect : le maire est élu par les conseillers municipaux élus par les électeurs.

- Le **scrutin majoritaire binominal paritaire mixte** conduit l'électeur à voter pour un binôme composé de deux candidats de sexe différent. Ils sont élus ensemble, mais ils exercent leur mandat de façon individuelle et disposent chacun d'un remplaçant de même sexe.

- Lors d'un **scrutin uninominal**, les électeurs votent pour un candidat qui se présente en son nom propre : les élections présidentielles, législatives ou cantonales se déroulent avec un scrutin uninominal. Lors d'un **scrutin de liste**, les électeurs votent pour une liste : les élections municipales, européennes ou régionales se déroulent avec un scrutin de liste.

- La répartition des sièges se fait ensuite proportionnellement au nombre de voix obtenues : on parle alors **de scrutin proportionnel**.

- Lors d'un **scrutin majoritaire**, celui qui a le plus de voix est élu : majoritaire est à mettre en opposition avec proportionnel.
La **majorité absolue** impose que plus de la moitié des votants se prononce en sa faveur.
La **majorité relative**, la plus courante, permet que soit élu celui qui a totalisé le plus de voix.

Les élections en France

les élections		pour élire	le mandat	élisent à leur tour	renouvellement
locales	municipales	le conseil municipal (la commune)	6 ans	le maire (pour 6 ans)	
	départementales	le conseil départemental (le département)	6 ans	le président du conseil départemental (pour 6 ans)	
	régionales	le conseil régional (la région)	6 ans	le président du conseil régional (pour 6 ans)	
nationales	législatives	les députés	5 ans	le président de l'Assemblée nationale (pour 5 ans)	
	sénatoriales	les sénateurs	6 ans	le président du Sénat (pour 3 ans)	par moitié tous les 3 ans
	présidentielles	le président de la République	5 ans		
européennes		les députés européens	5 ans	le président du Parlement européen (pour 2 ans 1/2)	

FICHE 40 LE CONTENTIEUX ÉLECTORAL

Le **droit électoral** fait partie du droit constitutionnel. Les textes relatifs au droit électoral sont contenus dans le **code électoral**.

- Le **contentieux électoral** est l'ensemble des litiges qui peut naître d'une élection (le candidat battu qui pense, à tort ou à raison, que son adversaire a triché, ou que les conditions du vote n'ont pas été respectées) : le contentieux électoral prévoit des procédures pour que ces litiges soient examinés, tranchés et éventuellement résolus, par exemple par l'annulation de l'élection.

- Le **contentieux électoral est de la compétence du Conseil constitutionnel pour les élections nationales** (l'élection présidentielle, les élections législatives, les élections sénatoriales).

- **Le contentieux électoral est de la compétence du tribunal administratif pour les élections locales (du Conseil d'État pour les élections régionales).** Le contentieux électoral des élections locales peut être porté en appel devant le Conseil d'État.

- Il peut être exercé dans un délai de cinq jours, concernant les élections municipales (code électoral, art. L. 248) par :
  – un électeur de la commune,
  – une personne éligible dans la commune,
  – le préfet,
  – un membre du bureau de vote ou son président.

- Il peut être exercé dans un délai de cinq jours, concernant les élections départementales (code électoral, art. L. 222), par :
  – un électeur du canton,
  – un candidat du département,
  – le préfet, qui peut être informé aussi par un membre de bureau de vote,
  – les membres du conseil départemental.

- Il peut être exercé dans un délai de dix jours, concernant les élections régionales (code électoral, art. L. 361), par :
  – un électeur de la région,
  – un candidat de la région,
  – le préfet, qui peut être informé aussi par un membre de bureau de vote.

FICHE 41 LE DROIT DE VOTE ET LE DROIT D'ÊTRE CANDIDAT

• Le droit de vote est un droit subjectif : voter n'est pas, en France, une obligation.
Le droit de vote peut être vécu comme un devoir, ce qui est également subjectif : un devoir est une sorte d'obligation que l'on s'impose à soi-même, dont le non-respect n'est susceptible d'aucune sanction.
Voter est un choix personnel : pour voter, il faut faire la démarche de s'inscrire sur les listes électorales de la commune dans laquelle on est domicilié.

• Un électeur inscrit sur les listes électorales ne se déplace pas forcément pour voter : la différence entre le nombre d'électeurs inscrits et le nombre d'électeurs qui se sont déplacés pour voter (ou qui ont voté par procuration) donne le nombre d'abstentions.

• L'abstention, c'est l'addition des électeurs inscrits qui ne votent pas et de ceux qui votent blanc.
L'abstention ne prend pas en compte ceux qui auraient pu s'inscrire sur les listes électorales, mais qui ne l'ont pas fait : elle est donc, en réalité, à chaque fois nettement supérieure aux pourcentages que donne la presse.

• Pour être électeur, il faut être de nationalité française, être âgé de 18 ans révolus, et jouir de ses droits civils et politiques.

• La loi du 25 mai 1998 autorise les Européens à voter aux élections européennes et municipales du pays d'Europe dans lequel ils sont domiciliés, sous réserve, bien évidemment, qu'ils soient inscrits sur des listes électorales : c'est une des applications du traité de Maastricht.

• Un suffrage exprimé est un vote qui a été comptabilisé : les bulletins raturés, déchirés, annotés (nuls) ne sont pas considérés comme suffrages exprimés, ils sont comptabilisés avec les bulletins blancs.

1. Petite histoire du droit de vote

• Le droit de vote a été exercé pour la première fois en France lors des élections législatives des 29 août et 5 septembre 1791, conformément au règlement électoral du 24 janvier 1789.
Le vote était alors interdit aux femmes et réservé aux citoyens actifs : on l'appelait « suffrage censitaire ».
Les citoyens actifs étaient les hommes de plus de 25 ans, domiciliés depuis au moins un an dans la commune, inscrits sur les listes de la garde nationale,

qui avaient prêté le serment civique et qui payaient une contribution directe (un impôt, un cens) au moins égal à trois jours de travail.
Ils se réunissaient au chef-lieu du canton en assemblée primaire pour élire les électeurs, qui devaient être propriétaires ou usufruitiers d'un bien procurant un revenu annuel au moins égal à 150 jours de travail : ce sont eux qui élisaient les députés.
Par la suite, sous la Restauration (de 1815 à 1848), ce ne seront que 60 000 bourgeois qui auront le droit de vote aux éditions législatives.

• Le suffrage devient universel avec la Constitution du 4 novembre 1848 qui crée la IIe République. Elle prévoit que « l'élection a pour base la population » (art. 23), que « le suffrage est direct et universel » et que « le scrutin est secret » (art. 24), que « sont électeurs, sans condition de cens, tous les Français âgés de vingt et un ans, et jouissant de leurs droits civils et politiques » (art. 25), et que « sont éligibles, sans condition de domicile, tous les électeurs âgés de vingt-cinq ans » (art. 26).

• Les femmes n'ont toujours pas le droit de vote : il ne leur sera accordé que le 21 avril 1944, juste avant les militaires, qui n'obtiendront le droit de voter que le 17 août 1945.
Les Françaises votent pour la première fois aux élections municipales du 29 avril 1945.
Les femmes turques avaient obtenu le droit de vote en 1934, et les femmes corses votaient déjà au XVIe siècle : le droit de vote des femmes apparaît en effet dès 1755 dans la Constitution insulaire de Pascal Paoli.

2. Petite histoire de la majorité civile

Le droit de vote a évolué parallèlement à la majorité civile : le 13 novembre 1799, le droit de vote est fixé à 21 ans.
On est en effet majeur à 21 ans depuis la loi du 29 septembre 1792.
Le 21 mars 1804 est publié le code civil des Français : il institue la majorité à 25 ans pour les hommes, à 21 ans pour les femmes.
Le 21 juin 1907, la majorité est fixée pour tous à 21 ans, ainsi que le droit de vote.
Le 5 juillet 1974, la majorité et le droit de vote sont abaissés à 18 ans.

3. Le droit d'être candidat

• L'éligibilité est la possibilité de se présenter à une élection : il faut, pour être éligible, être électeur et de nationalité française. Il faut aussi jouir de ses droits civils et civiques.

• L'inéligibilité est l'interdiction, prévue par le droit pénal et prononcée par des juridictions pénales (tribunal correctionnel, cour d'assises), de se présenter à une élection.

• Les candidats aux élections municipales et européennes peuvent avoir la nationalité d'un des États membres de l'Union européenne.

• Il faut avoir 18 ans pour être candidat aux élections municipales, cantonales ou régionales. Il faut avoir 23 ans pour être candidat aux élections présidentielles, aux élections législatives et aux élections européennes. Il faut avoir 30 ans pour être candidat aux élections sénatoriales (depuis le 30 juillet 2003, 35 ans auparavant).

4. Le cumul des mandats électoraux

• Le cumul des mandats n'est pas interdit : il est réglementé. Le sujet est polémique : un certain nombre d'élus revendiquent le droit d'exercer plusieurs mandats, en argumentant de la nécesssité pour eux d'avoir un « ancrage local », de la complémentarité des différents mandats, et le risque, en perdant une élection, de se retrouver sans travail, donc sans revenus (les élus ne cotisent pas à Pôle emploi), d'autres estiment qu'exercer un mandat est une responsabilité à plein temps qui ne peut être diluée.

La loi organique du 14 février 2014 interdisant le cumul de fonctions exécutives locales avec le mandat de député ou de sénateur, et la loi du 14 février 2014 interdisant le cumul de fonctions exécutives locales avec le mandat de représentant au Parlement européen ont été promulguées le 14 février 2014. Elles interdisent (à compter du 31 mars 2017), le cumul de l'exercice d'un mandat parlementaire national (député ou sénateur) ou européen (député européen) avec l'exercice d'un mandat au sein des collectivités territoriales et des établissements publics de coopération intercommunale (EPCI) à fiscalité propre, en métropole et en outre-mer.

- Un député ne peut pas être en même temps sénateur, et vice versa. Il ne peut cumuler son mandat parlementaire avec celui de député européen.

- Un député européen peut être conseiller régional, conseiller à l'assemblée de Corse, conseiller général, conseiller de Paris ou conseiller municipal (quelle que soit la taille de la commune) : à partir de 2019 (les prochaines élections européennes) le cumul de fonctions exécutives locales avec le mandat de député européen sera interdit.

Le 22 janvier 2014, l'Assemblée nationale a adopté le projet de loi interdisant à partir de 2019 le cumul de fonctions exécutives locales avec le mandat de représentant au Parlement européen.

- Un élu local ne peut être titulaire de plus de deux mandats électoraux parmi les mandats de conseiller régional, de conseiller à l'assemblée de Corse, de conseiller départemental, de conseiller de Paris, de conseiller municipal (quelle que soit la taille de la commune) et de conseiller d'arrondissement.

- Les fonctions de maire sont incompatibles avec celles de président de conseil régional ou de conseil départemental (CGCT, art. L. 2122-4).

- Les fonctions de ministre sont incompatibles avec celles de député ou de sénateur, pour que soit respecté le principe constitutionnel de la séparation des pouvoirs.

FICHE 42 LE STATUT DES ÉLUS LOCAUX

Un mandat électif local n'est pas une profession : les élus locaux continuent, dans leur grande majorité, à exercer leur profession pendant leur mandat. La rémunération d'un élu n'est pas un salaire, mais **une indemnité**. Elle est **imposable**. Elle n'ouvre pas droit à la perception d'allocation en fin de mandat.

- Les élus locaux (de la majorité ou de l'opposition) disposent d'autorisations d'absence dans leur emploi pour assister aux séances plénières du conseil municipal, aux réunions de commissions instituées par délibération du conseil municipal, du conseil départemental ou régional, aux réunions des assemblées délibérantes et aux bureaux des organismes où l'élu représente sa collectivité (EPCI, SEM), leur employeur, public ou privé, est tenu de les libérer, pas de les rémunérer.

- Les maires et leurs adjoints bénéficient d'un crédit d'heures trimestriel (et les conseillers municipaux dans les villes de plus de 3 500 habitants), dont la durée est calculée selon le nombre d'habitants de la commune (de 105 à 140 heures pour un maire, de 52 h 30 à 140 heures pour un adjoint, de 10 h 30 à 52 h 30 pour un conseiller). Les conseillers départementaux et les conseillers régionaux bénéficient également d'un crédit d'heures pour exercer leurs fonctions.

- Les élus locaux sont protégés dans leurs relations avec leur employeur : la durée de travail ou les horaires prévus par le contrat de travail initial ne peuvent être modifiés sans leur accord, ils ne peuvent pas être licenciés, déclassés ou sanctionnés.

- Les maires, adjoints aux maires des communes de plus de 20 000 habitants, présidents d'EPCI, vice-présidents d'EPCI de plus de 20 000 habitants, les présidents et vice-présidents des conseils généraux et régionaux, peuvent préférer suspendre leur contrat de travail, ou interrompre leur activité professionnelle, pour se consacrer à l'exercice de leur(s) mandat(s). Ils retrouvent dans les deux mois, à la fin de leur mandat, un poste similaire dans l'entreprise (ou l'administration, la collectivité), avec un salaire équivalent.
Ils bénéficient alors d'un régime de protection sociale (maladie, retraite).

Les élus fonctionnaires peuvent :
– être mis en disponibilité,
– bénéficier d'un détachement.

- Les membres du conseil municipal ont droit à une formation « adaptée à leurs fonctions » (CGCT, art. L. 2123-12). Les élus salariés du public et du privé ont droit à un congé de formation de 18 jours pour toute la durée de leur mandat, quel que soit le nombre de mandats qu'ils détiennent. Il en est de même pour les conseillers départementaux et régionaux.
- Les accidents qui surviennent pendant l'exercice du mandat des maires, des adjoints, des conseillers municipaux, généraux ou régionaux, présidents et vice-présidents d'EPCI (ou de leurs délégués), de conseil départemental ou régional, sont pris en charge par la collectivité ou par l'EPCI concerné.

Depuis la réforme constitutionnelle du 23 juillet 2008, les ministres qui étaient auparavant député ou sénateur récupèrent automatiquement leur siège de député ou de sénateur quand ils quittent le gouvernement (il a été occupé par leur suppléant pendant leur présence au gouvernement). Il n'est pas nécessaire d'organiser une élection.

FICHE 43 TEST : QCM

Jouez le jeu : ne regardez pas les réponses avant de répondre ! N'hésitez pas à faire quelques recherches, si la bonne réponse ne se trouve pas dans les pages que vous venez d'étudier...
Attention : pour certaines questions, plusieurs réponses sont attendues.

1 Qui est le chef de l'État ?
❍ **a.** le Premier ministre
❍ **b.** le président de la République
❍ **c.** le garde des Sceaux

2 Qui est le chef du gouvernement ?
❍ **a.** le Premier ministre
❍ **b.** le président de la République
❍ **c.** le ministre d'État

3 Quand le Parlement se réunit en Congrès, cela signifie :
❍ **a.** qu'il suit une session de formation destinée aux nouveaux élus
❍ **b.** qu'il fait le bilan de la session parlementaire en examinant toutes les lois qui ont été votées
❍ **c.** que les députés et les sénateurs siègent côte à côte dans le même hémicycle
❍ **d.** que les députés et les sénateurs assistent à une conférence du président de la République

4 Le représentant de l'État dans le département est :
❍ **a.** le préfet
❍ **b.** le procureur de la République
❍ **c.** le président du conseil départemental
❍ **d.** le député

5 Sont des collectivités territoriales :
❍ **a.** les régions
❍ **b.** les départements
❍ **c.** les centres communaux d'action sociale
❍ **d.** les communes
❍ **e.** les établissements publics de coopération intercommunale

6 Les collectivités territoriales sont dotées :
❍ **a.** d'une assemblée délibérante
❍ **b.** d'une assemblée élue au suffrage universel indirect

❍ **c.** d'un organe exécutif élu au suffrage universel direct
❍ **d.** d'une assemblée consultative

7 Le conseil municipal est :
❍ **a.** l'organe exécutif de la commune, élu par les conseillers municipaux
❍ **b.** l'assemblée délibérante de la commune, élue au suffrage universel direct
❍ **c.** composé du maire et de ses adjoints

8 Les compétences traditionnelles et obligatoires du maire en tant qu'agent de l'État sont notamment :
❍ **a.** l'état civil
❍ **b.** l'organisation des élections
❍ **c.** la délivrance des permis d'urbanisme
❍ **d.** l'encadrement des restaurants scolaires
❍ **e.** l'action sociale

9 Le département est responsable de :
❍ **a.** l'organisation des élections départementales
❍ **b.** l'organisation des élections régionales
❍ **c.** l'aide sociale à l'enfance
❍ **d.** la construction et l'entretien des lycées

10 Parmi les autorités suivantes, est normalement élu pour trois ans :
❍ **a.** le préfet
❍ **b.** le maire
❍ **c.** le député
❍ **d.** le président du conseil départemental
❍ **e.** le président du conseil régional

11 Les fonctions de maire sont incompatibles avec celles :
❍ **a.** de président du conseil régional
❍ **b.** de conseiller départemental
❍ **c.** de ministre
❍ **d.** de vice-président du conseil départemental

12 Par arrêté, le maire peut, dans sa commune et sous certaines conditions :
❍ **a.** instaurer un couvre-feu pour les mineurs de moins de treize ans après 23 h
❍ **b.** interdire les actes de mendicité
❍ **c.** sanctionner un professeur des écoles en cas de faute professionnelle
❍ **d.** réglementer le stationnement des véhicules

13 Les élections organisées au scrutin de liste, à la représentation proportionnelle, sont :

❍ a. les élections municipales
❍ b. les élections départementales
❍ c. les élections régionales
❍ d. les élections européennes

14 Un député au moins est élu par :

❍ a. canton ❍ b. arrondissement
❍ c. circonscription ❍ d. département

15 Le conseil départemental :

❍ a. organise et finance les transports scolaires
❍ b. construit et entretient les collèges
❍ c. gère la formation professionnelle

16 Le préfet exerce sur les actes des collectivités territoriales un contrôle :

❍ a. a priori ❍ b. a fortiori
❍ c. a posteriori ❍ d. a minima

17 Le conseil municipal :

❍ a. est présidé par le maire
❍ b. peut être dissous par le maire
❍ c. est public
❍ d. se déroule au moins une fois par mois

18 En sa qualité d'agent déconcentré de l'État, le maire est :

❍ a. officier de l'état civil
❍ b. officier de la Légion d'honneur
❍ c. officier de police judiciaire
❍ d. officier de réserve

19 Le président du conseil régional est :

❍ a. élu directement par les électeurs de la région
❍ b. élu pour six ans
❍ c. nommé par le préfet
❍ d. l'exécutif de la région

20 En 2014, pourquoi la France métropolitaine a-t-elle perdu 23 communes ?

❍ a. à cause du développement des structures intercommunales
❍ b. à cause des fusions de communes encouragées par la loi du 16 mars 2015

❍ c. à cause du redécoupage des cantons qui a fait disparaître des communes peu peuplées
❍ d. à cause de la désertification rurale et l'augmentation de villages abandonnés

21 Le préfet de Région :
❍ a. dirige la Région
❍ b. est installé à la préfecture de Région
❍ c. est aussi le préfet du département dans lequel il est implanté
❍ d. dirige des directions régionales des administrations déconcentrées

22 Le maire :
❍ a. peut être révoqué par le conseil municipal
❍ b. est l'organe exécutif de la commune
❍ c. a le rang de sous-préfet dans les villes de plus de 20 000 habitants
❍ d. est un fonctionnaire de catégorie A

23 Les conseillers départementaux sont élus :
❍ a. aux élections cantonales
❍ b. pour six ans
❍ c. au scrutin de liste à la proportionnelle
❍ d. au scrutin uninominal majoritaire à deux tours

24 En matière électorale, une procuration :
❍ a. ne peut être donnée qu'à un membre de sa famille
❍ b. permet de désigner un mandataire qui votera à la place du mandant
❍ c. est impossible sans justificatif médical
❍ d. est interdite pour les élections municipales
❍ e. permet de désigner un mandant qui vote à la place du mandataire

25 Les trois pouvoirs principaux détenus par l'État doivent être indépendants les uns des autres et se contrôler mutuellement. Il s'agit des pouvoirs :
❍ a. législatif
❍ b. politique
❍ c. exécutif
❍ d. judiciaire

26 Le maire et le préfet peuvent signer :
❍ a. des circulaires
❍ b. des arrêtés
❍ c. des décrets
❍ d. des délibérations

27 En matière scolaire, le département :
❍ a. est chargé de la construction et de l'entretien des collèges
❍ b. est chargé de la construction et de l'entretien des lycées

FICHE 43

❍ **c.** est chargé de la construction et de l'entretien des écoles maternelles et élémentaires
❍ **d.** est chargé de la rémunération des professeurs des écoles
❍ **e.** est chargé de la construction et de l'entretien des universités

28 Le référendum décisionnel local :
❍ **a.** peut permettre aux électeurs de se prononcer sur l'implantation d'éoliennes, la création d'une police municipale ou le choix du nom de la médiathèque
❍ **b.** est décidé par l'assemblée délibérante de la collectivité territoriale
❍ **c.** concerne la commune, le département et la Région
❍ **d.** est décidé par le préfet

29 La protection maternelle et infantile :
❍ **a.** est une compétence de la région
❍ **b.** est une compétence du département
❍ **c.** est une compétence obligatoire
❍ **d.** est une compétence facultative

30 Le maire :
❍ **a.** signe des arrêtés de nomination
❍ **b.** fait des propositions de lois
❍ **c.** exécute les décisions prises par le conseil municipal
❍ **d.** a le grade de commissaire de police

31 Les collectivités territoriales énumérées à l'article 72 de la Constitution sont :
❍ **a.** la région, le département et la commune
❍ **b.** le conseil municipal, le conseil départemental et le conseil régional
❍ **c.** la région, le département, la commune et les établissements publics de coopération intercommunale
❍ **d.** uniquement le département et la commune

32 Pour caractériser les lois du 2 mars 1982, du 7 janvier et du 22 juillet 1983, on parle :
❍ **a.** des « lois Defferre », du nom du ministre de l'Intérieur de l'époque
❍ **b.** de charte de la décentralisation
❍ **c.** des « lois Defferre », du nom du Premier ministre de l'époque
❍ **d.** de la révolution de velours

33 Quand une loi est promulguée, cela signifie qu'elle a été :
❍ a. approuvée par le Conseil des ministres
❍ b. publiée au *Journal officiel*
❍ c. signée par le président de la République

34 Le RSA (revenu de solidarité active) est versé par :
❍ a. le ministère de la Santé et de la Solidarité
❍ b. la CAF
❍ c. le CCAS
❍ d. le conseil départemental

35 Les transports ferroviaires régionaux, ou TER (transport express régional) sont, depuis le 1er janvier 2002 :
❍ a. librement organisés par la SNCF
❍ b. placés sous la responsabilité des conseils régionaux
❍ c. placés sous la responsabilité des conseils généraux
❍ d. placés sous la responsabilité des préfets, pour une meilleure organisation du territoire

36 Les transports ferroviaires régionaux, ou TER (transport express régional) sont, depuis le 1er janvier 2002 :
❍ a. financés uniquement par la SNCF (vente de billets)
❍ b. financés en grande partie par les conseils régionaux
❍ c. financés en grande partie par les conseils généraux des départements qu'ils traversent
❍ d. financés en grande partie par les communes qu'ils desservent

FICHE 43

Corrigé

1. b ; 2. a ; 3. c ; 4. a ; 5. a, b et d ; 6. a ; 7. b ; 8. a, b et c ; 9. c ; 10. d ; 11. c et d ; 12. a ; 13. a, c et d ; 14. c et d ; 15. a et b ; 16. c ; 17. a et c ; 18. a et c ; 19. b et d ; 20. b ; 21. b, c et d ; 22. b ; 23. b ; 24. b ; 25. a, c et d ; 26. b ; 27. a ; 28. a, b et c ; 29. b et c ; 30. a et c ; 31. a ; 32. a ; 33. c ; 34. d ; 35. b ; 36. b.

PARTIE 6

La fonction publique et le service public

FICHE 44 LES TROIS FONCTIONS PUBLIQUES

Les fonctionnaires qui travaillent pour les collectivités territoriales font partie de la **fonction publique territoriale.**
Les fonctionnaires qui travaillent pour les services de l'État (ministères, préfectures, administrations déconcentrées) font partie de la **fonction publique d'État.**
Les fonctionnaires qui travaillent dans les hôpitaux font partie de la **fonction publique hospitalière.**

La France compte 5,374 millions de fonctionnaires ou contractuels, soit 20 % des emplois en France (DGAFP, 31 décembre 2012). La fonction publique territoriale représente 35 % des emplois publics. Elle emploie 1,862 million d'agents titulaires et non titulaires dans près de 57 700 collectivités territoriales et établissements publics locaux, hors Ville et conseil départemental de Paris.

1. La fonction publique territoriale

- **Le statut de la fonction publique territoriale est précisé par la loi n° 84-53 du 26 janvier 1984**, « portant dispositions statutaires relatives à la fonction publique territoriale », qui a créé la fonction publique territoriale.
Les litiges qui peuvent naître entre un salarié de la fonction publique territoriale et son employeur relèvent du droit administratif, ils peuvent être arbitrés par une juridiction administrative, pas par le conseil des prud'hommes, qui est réservé au secteur privé.

- Le statut des agents non titulaires de la fonction publique territoriale est prévu par le décret n° 88-145 du 15 février 1988 pris pour l'application de l'article 136 de la loi du 26 janvier 1984 modifiée portant dispositions statutaires relatives à la fonction publique territoriale et relatif aux agents non titulaires de la fonction publique territoriale : les salariés de la fonction publique territoriale sont des fonctionnaires territoriaux titulaires, ou des contractuels non titulaires.

- Les fonctionnaires territoriaux exercent 233 métiers, répartis en 55 cadres d'emplois (on préfère désormais parler de 35 « familles professionnelles ») et 8 filières : administrative (24 % des effectifs), technique (48 %), culturelle et artistique (5,5 %), sportive (1 %), sanitaire et sociale (14 %), animation (4,5 %), sécurité et sapeurs-pompiers (4 %).

- Les agents sont classés en **trois catégories** :
– catégorie A (cadres, 9 % des effectifs au 31 décembre 2008),
– catégorie B (cadres intermédiaires, 14 %),
– catégorie C (agents, 77 %).

- Sauf exception, on entre, on progresse dans la fonction publique territoriale en réussissant un concours interne ou externe, ou un examen professionnel, sous réserve de remplir des conditions de diplôme ou d'ancienneté, qui varient pour chaque métier. Les concours sont organisés dans chaque département ou région par les centres départementaux ou interdépartementaux de gestion, ou par le Centre national de la fonction publique territoriale.

2. Le Conseil supérieur de la fonction publique territoriale (CSFPT)

Le CSFPT est un organisme paritaire composé de 40 membres (20 représentants des collectivités territoriales et 20 des organisations syndicales de fonctionnaires), il représente la fonction publique territoriale : il est consulté par le gouvernement sur la politique salariale et l'emploi public, il donne son avis sur les projets d'ordonnances relatifs à la FPT et il remplit une mission d'étude et de traitement statistique.

3. Le Centre national de la fonction publique territoriale (CNFPT)

Le CNFPT est un établissement public paritaire déconcentré, doté d'une personnalité morale et d'organes de représentation propres. Il est financièrement autonome, les collectivités adhèrent au CNFPT, elles lui versent 1 % de leur masse salariale. **Il gère la formation professionnelle des agents, il met en œuvre les procédures de reconnaissance de l'expérience professionnelle, et il organise certains concours et examens de la fonction publique territoriale.**

4. Les centres de gestion (CDG)

Les CDG sont des établissements publics à caractère administratif, gérés par des élus des collectivités.
Les centres de la région parisienne ne sont pas départementaux, mais interdépartementaux (CIG) : ils interviennent sur la petite couronne (Hauts-de-Seine, Seine-Saint-Denis, Val-de-Marne et leurs établissements publics) et

sur la grande couronne (Val-d'Oise, Essonne, Yvelines et leurs établissements publics).
Les CDG gèrent obligatoirement les carrières du personnel territorial pour le compte des collectivités et de leurs établissements employant moins de 350 agents (de façon facultative, de toute autre collectivité qui le souhaite).
Les CDG et CIG organisent la plupart des concours et examens de la fonction publique territoriale.

FICHE 45 LES DROITS ET OBLIGATIONS DES FONCTIONNAIRES

• **Les droits et les obligations des fonctionnaires sont fixés par la loi n° 83-634 du 13 juillet 1983 « portant droits et obligations des fonctionnaires ».** On l'appelle la loi « Le Pors » parce qu'elle a été proposée par Anicet Le Pors, ministre de la Fonction publique du gouvernement Mauroy (de 1981 à 1984) : il arrive de temps en temps que les lois votées soient surnommées du nom du ministre ou du parlementaire qui les a présentées ou défendues.
Cette loi est une sorte de « code de déontologie » qui s'applique aux trois fonctions publiques (territoriale, d'État et hospitalière).
Elle a été rédigée dans le cadre du processus de décentralisation : initié le 2 mars 1982, il s'est poursuivi avec la **loi n° 84-53 du 26 janvier 1984 « portant dispositions statutaires relatives à la fonction publique territoriale » qui a créé la fonction publique territoriale**.
Cette loi est l'équivalent du code du travail pour les fonctionnaires territoriaux.

• **Les fonctionnaires ont des droits** :
– le droit à l'égalité de traitement, selon le principe de non-discrimination ;
– le droit à la liberté d'opinion, politique, syndicale, philosophique ou religieuse ;
– le droit à rémunération pour service effectué ;
– le droit syndical (tout fonctionnaire a le droit d'adhérer au syndicat de son choix, de créer un syndicat ou une section syndicale et d'y exercer des mandats) ;
– le droit de grève, dans le strict respect de la loi ;
– le droit de participation à l'organisation des services publics et à l'élaboration des règles statutaires (par l'intermédiaire de leurs délégués), mais aussi à l'examen des décisions individuelles affectant le déroulement de leur carrière (par l'intermédiaire des commissions paritaires) ;
– le droit d'accéder à son dossier individuel (depuis une loi du 22 avril 1905) ;
– le droit à la protection de la santé (la collectivité employeur est tenue de respecter les règles d'hygiène et de sécurité pour préserver l'intégrité physique des fonctionnaires pendant leur travail) ;
– le droit à la protection par la collectivité employeur (par exemple contre les menaces, les injures ou les outrages) ;
– le droit à la formation permanente (c'est une des missions du Centre national de la fonction publique territoriale) ;
– le droit aux congés.

- **Les fonctionnaires ont des obligations** (et donc, des interdictions) :
– l'interdiction de cumul d'activités, sauf dans certains cas (voir le décret n° 2003-22 du 6 janvier 2003 « relatif aux cumuls d'activités et de rémunérations des agents ») ;
– l'obligation de discrétion professionnelle et le devoir de réserve ;
– l'obligation d'obéissance hiérarchique (il doit se conformer aux instructions de son supérieur hiérarchique, sauf dans le cas où l'ordre donné est manifestement illégal et de nature à compromettre gravement un intérêt public) ;
– l'obligation de satisfaire aux demandes d'information du public.

1. L'obligation de discrétion professionnelle et le devoir de réserve

- Les fonctionnaires sont astreints, par la loi, à une « **obligation de discrétion professionnelle** pour tous les faits, informations ou documents dont ils ont connaissance dans l'exercice ou à l'occasion de l'exercice de leurs fonctions » (art. 26 de la loi 83-634 du 13 juillet 1983).
Ils ne peuvent « en dehors des cas expressément prévus par la réglementation en vigueur, notamment en matière de liberté d'accès aux documents administratifs, être déliés de cette obligation de discrétion professionnelle que par décision expresse de l'autorité dont ils dépendent ».
- L'obligation de discrétion est l'interdiction qui est faite au fonctionnaire de raconter, à l'intérieur de sa collectivité ou à l'extérieur, de répéter, ce que le fonctionnaire a appris, lu, entendu, dans le cadre de ses missions.
- L'obligation de discrétion est une obligation dont le non-respect peut entraîner des sanctions administratives (disciplinaires), variables selon le grade du fonctionnaire et la nature de ses propos.
- Le fonctionnaire est également soumis à un **devoir de réserve** : il ne peut exprimer son opinion sur son administration, son service, sa collectivité, sa hiérarchie, qu'avec modération et retenue, sans nuire à son image
- Ce devoir de réserve est une sorte de « devoir de loyauté » : le fonctionnaire n'est pas autorisé à critiquer l'administration qui l'emploie, mais il est libre d'en penser ce qu'il en veut, puisque la liberté d'opinion n'est pas la liberté d'expression.

2. Le droit de participation

- Les organes de participation au sein des collectivités territoriales sont les **commissions administratives paritaires (CAP)**, les **comités techniques paritaires (CTP)** et les **comités d'hygiène et de sécurité (CHS)**.

• Le CHS émet des avis obligatoires sur les règlements et consignes en matière d'hygiène et de sécurité, sur le programme annuel de prévision des risques professionnels.

3. La responsabilité administrative

• Le fonctionnaire peut être sanctionné par sa hiérarchie. On parlera, dans le privé, de responsabilité disciplinaire. On évoque dans le public la responsabilité administrative de l'agent. Les fonctionnaires n'ont pas accès au conseil des prud'hommes, réservé aux litiges de droit privé : **seules les juridictions administratives sont compétentes pour examiner les différends entre salarié et employeur du secteur public.**

• L'autorité ayant pouvoir disciplinaire saisit éventuellement le conseil de discipline, qui est une formation particulière de la commission administrative paritaire de la catégorie concernée (A, B ou C). Il est présidé par un magistrat de l'ordre judiciaire et composé à égalité de représentants du personnel et de représentants des collectivités. Les décisions du conseil de discipline sont susceptibles d'appel devant le conseil de discipline de recours, ou devant le tribunal administratif. Le fonctionnement du conseil de discipline est prévu par le chapitre VIII de la loi n° 84-53 du 26 janvier 1984.

• **Les sanctions disciplinaires** applicables sont prévues par l'article 89 de cette même loi.
Elles sont **classées en quatre groupes** :
– premier groupe : avertissement, blâme, exclusion temporaire de fonctions pour une durée maximale de trois jours ;
– deuxième groupe : abaissement d'échelon, exclusion temporaire de fonctions pour une durée de quatre à quinze jours ;
– troisième groupe : rétrogradation, exclusion temporaire de fonctions pour une durée de seize jours à six mois ;
– quatrième groupe : mise à la retraite d'office, révocation.

• Le blâme et l'exclusion temporaire sont mentionnés au dossier du fonctionnaire, mais pas l'avertissement.
Ils sont effacés au bout de trois ans si aucune autre sanction n'est intervenue. Le conseil de discipline est le seul à pouvoir infliger des sanctions du deuxième, troisième et quatrième groupe. Les sanctions du premier groupe sont infligées par l'autorité ayant pouvoir disciplinaire.

LE SERVICE PUBLIC (1)

Un service public est une activité reconnue d'intérêt général, considérée comme devant être disponible pour tous.

• Il n'existe pas de définition officielle : un service public est ce que la puissance publique définit politiquement comme tel.
Les consommateurs et les syndicats ne sont pas forcément d'accord avec elle sur le sujet.
Le service public est une notion assez récente, sa définition subjective n'est pas la même dans tous les pays : en Scandinavie, par exemple, où il y a peu de fonctionnaires, de nombreux services publics sont depuis toujours privés, comme, par exemple, les pompiers, au Danemark.

• En France, les services publics trouvent leur origine légale dans la Constitution de la Ve République, article 34.

1. Un statut juridique spécifique

• Les activités de service public sont, en France, traditionnellement soumises à un régime juridique spécifique, mais **une collectivité publique a le choix entre** :
– **assumer directement un service public** ;
– **déléguer la gestion d'un service public à un organisme du secteur public** ou relevant du droit public ;
– **concéder la gestion d'un service public à un organisme du secteur privé** ou relevant du droit privé.

CONSEIL DU FORMATEUR :
Il ne faut pas confondre service public et secteur public : le secteur public rassemble les administrations de l'État et des collectivités locales ainsi que les entreprises dont au moins 51 % du capital est détenu par l'État (France Télévision, Française des jeux, SNCF, La Poste, etc.) ou par une collectivité (les sociétés d'économie mixte, dont le nom commence souvent par SEM).

• La notion de service public peut être entendue d'un point de vue matériel (mission de service public) et d'un point de vue organique (organisme chargé d'une mission de service public). L'expression « service public » désigne donc deux réalités différentes :
– une mission, activité d'intérêt général ;

– un mode d'organisation qui consiste à faire prendre en charge, directement ou indirectement, ces activités d'intérêt général par des personnes publiques (État, collectivités territoriales, établissements publics) ou privées, sous le contrôle d'une personne publique.

• Les entreprises publiques peuvent relever du droit commun (elles ont alors souvent le statut de société anonyme), ou du droit public : ce sont les établissements publics.
Le service public possède en général le monopole ou le quasi-monopole de son activité (SNCF, La Poste), mais la logique de l'Union européenne est de les ouvrir à la concurrence.

2. Les missions de service public

• Les missions de service public peuvent être remplies par le secteur public, ou par le secteur privé.

• Les **missions de service public remplies par le secteur public** :
– relèvent des fonctions régaliennes liées à la souveraineté de l'État (armée, justice, police, enseignement) ;
– relèvent du secteur marchand, mais le secteur public en a conservé la gestion (santé, transport, voies ferrées).

Remarque du formateur :
Les fonctions régaliennes de l'État n'ont pas été décentralisées : l'armée, la justice, la police, l'enseignement, la santé publique...

• **Les missions de service public peuvent être remplies par le secteur privé** :
– les soins médicaux (médecins et dentistes libéraux, pharmaciens, ambulanciers, etc.),
– l'enseignement (écoles privées sous contrat subventionnées par l'État),
– la distribution d'énergies (carburants, électricité, gaz).

• Le service rendu à l'usager constitue la finalité de l'action administrative : les contraintes internes des services publics ne doivent pas peser sur l'usager.

3. Les quatre fonctions du service public

Le service public remplit quatre fonctions principales :
– les services publics à finalité **d'ordre et de régulation** (défense nationale, justice, police, protection civile, etc.),
– les services publics à finalité **de protection sociale et sanitaire** (sécurité sociale, service public hospitalier, etc.),
– les services publics **à vocation éducative et culturelle** (enseignement, recherche, audiovisuel, etc.),
– les services publics **à caractère économique**.

LE SERVICE PUBLIC (2)

1. Les grands principes qui régissent et organisent le service public

Les principes de continuité, d'égalité, de mutabilité et d'accessibilité ont valeur juridique : ils ont été consacrés par les tribunaux et leur jurisprudence dès la fin du XIXe siècle. Les principes de transparence, de neutralité et de fiabilité se retrouvent dans la Charte des services publics de 1992 « qui met à l'honneur les usagers » : ils font encore l'objet d'intenses débats publics.

La continuité du service public

- **La continuité des services publics concrétise la continuité, la permanence de l'État.**

Elle peut également être considérée comme complémentaire au principe d'égalité : la rupture du service crée une discrimination entre celui qui en bénéficie et celui qui en est privé. La continuité du service public a été qualifiée de principe constitutionnel par le Conseil constitutionnel, le 15 juillet 1979.

- Ce principe repose sur la nécessité de **répondre aux besoins d'intérêt général** sans interruption, ou avec une interruption limitée aux heures de fermeture, qui ne peuvent s'appliquer aux pompiers, à la police, aux hôpitaux, etc.

- Ce principe doit aussi s'accommoder du principe constitutionnel du droit de grève, dont disposent les agents des services publics, à l'exception de la police et de l'armée.

L'égalité du service public

- L'égalité est à la fois **un principe fondamental du service public et l'une des valeurs de la République**, avec la liberté et la fraternité : les services publics sont le principal instrument de ce principe. L'égalité a la même valeur constitutionnelle que la continuité : elle est l'application du principe général d'égalité de tous devant la loi, proclamé par la Déclaration des droits de l'homme et du citoyen de 1789.

- L'égalité du service public doit se comprendre autant comme **l'égalité des citoyens face au service public que comme l'égalité d'accès des citoyens à tous les services publics** : chacun doit pouvoir bénéficier de tous les services publics sans se trouver en position d'infériorité à cause de sa condition sociale, de son handicap, de sa résidence ou de tout autre motif tenant à sa

situation personnelle ou à celle du groupe social dont il fait partie. Le principe d'égalité d'accès et de traitement n'interdit pas que les services publics luttent de manière adaptée contre les inégalités économiques et sociales.
Les réponses aux différents besoins doivent, pour être efficaces, être différenciées selon la diversité des situations vécues par les usagers.

La mutabilité du service public

- Les usagers d'un service public n'ont aucun droit à son maintien : le service public n'est pas un dû, **l'administration peut supprimer ou déplacer un service** sans que le moindre recours soit possible, ce qui ne doit pas empêcher les citoyens d'exprimer leur point de vue.

- Le principe de mutabilité est un principe d'adaptation : lorsque les exigences de l'intérêt général évoluent, le service doit s'adapter à ces évolutions, à ses mutations technologiques, économiques et sociales.

L'accessibilité du service public

L'accessibilité est la condition primordiale d'un service public tourné vers les usagers.
Elle peut se comprendre comme :
– **une accessibilité géographique** (par l'intermédiaire d'équipements de proximité, de structures installées en milieu rural),
– **une accessibilité intellectuelle** (la complexité des règles administratives, l'empilement des textes législatifs et réglementaires rendent difficile l'accès à certains droits et services),
– **une accessibilité universelle**, si le service est accessible à tous, sans distinction.

La neutralité du service public

Tout usager dispose donc des mêmes droits face à l'administration et les procédures mises en place doivent être garantes de son impartialité : la neutralité garantit le libre accès de tous aux services publics sans discrimination.
Elle implique la laïcité de l'État, l'impartialité des agents publics et l'interdiction de toute discrimination fondée sur les convictions politiques, philosophiques, religieuses, syndicales ou tenant à l'origine sociale, au sexe, à l'état de santé, au handicap ou à l'origine ethnique…

La transparence du service public

Le principe de transparence permet à tout citoyen ou usager de s'assurer du bon fonctionnement des services publics : tout usager dispose d'un **droit à l'information** sur l'action des services publics et ceux-ci ont l'obligation d'informer les usagers en répondant à leurs demandes.
L'action de l'administration doit respecter certaines procédures contradictoires (enquêtes publiques, procédures consultatives, motivation des décisions, etc.) afin de permettre aux administrés d'exposer leurs arguments et de défendre leurs arguments.

2. Le financement du service public

- Un service public peut être financé par la collectivité qui en a la charge, ou par les bénéficiaires. Il n'a pas vocation à être forcément gratuit : s'il est gratuit, il est financé par la collectivité, donc par l'impôt, direct et indirect, donc, par le contribuable, c'est-à-dire l'usager.

Le service public est d'intérêt général : il doit être accessible à tous, même si une partie des bénéficiaires potentiels n'a pas les moyens de payer pour ce service.
Il serait d'ailleurs difficile, voire discutable, de faire payer au justiciable les frais de son procès, ceux de son séjour en maison d'arrêt ou de l'intervention des pompiers en cas d'incendie. Il serait aussi discutable de réserver l'école ou l'hôpital à ceux qui peuvent se les payer …

- On peut alors envisager plusieurs solutions :

– le service est subventionné pour tout ou partie de ses usagers ;
– le service est cofinancé par les autres bénéficiaires, par la péréquation tarifaire (ceux qui peuvent payer payent un peu plus pour compenser ceux qui n'ont pas les moyens de payer : c'est le principe du quotient familial et des retraites par répartition) ;
– le service est rentabilisé par la vente ou la location d'un autre service annexe (comme la publicité qui finance en partie les abribus ou la télévision publique).

FICHE 48 LES SERVICES PUBLICS LOCAUX

Les services publics locaux répondent à des besoins de personnes ou à des besoins économiques : les repas pour personnes âgées répondent à des besoins de personnes et l'abattoir à des besoins économiques.
Les services publics locaux en régie sont organisés et directement gérés par la collectivité. Ils peuvent être organisés et gérés par des organismes publics ou des entreprises privées dans le cadre d'une délégation de service public, ou d'un marché public.

Les services à caractère industriel et commercial ne peuvent être équilibrés que par la participation des usagers (électricité, gaz, eau, assainissement, abattoirs, logement social, maisons de retraite), **alors que, pour les services sociaux** (enfance, personnes âgées) **la participation peut être modulée selon le revenu des familles** (principe du quotient familial). Leur équilibre financier étant assuré par l'impôt : il est rare que l'usager paye le service à son coût véritable.

1. Les services en régie

- **La régie désigne un établissement chargé de la gestion d'un service public** (la RATP, jadis la régie Renault), **ou bien le mode de gestion de ce service public** : la régie s'oppose au concept de délégation de service public qui impose une relation contractuelle entre la collectivité et le délégataire.

- **Dans la régie simple, la collectivité assure, avec son propre personnel, la gestion du service** (eau, transports, restauration scolaire, piscine, etc.).
Elle facture le service aux usagers.
Elle rémunère directement les prestataires extérieurs à qui elle fait appel, dans le respect du code des marchés publics.
La régie est un simple service de la collectivité, qui fait l'objet d'un budget spécifique.

- **La régie autonome est un établissement public qui reste sous le contrôle de la collectivité mais qui dispose de ses propres instances de direction**, comme le conseil d'administration qui vote son budget et fixe le prix du service (CGCT, art. L. 2221-10).

2. Les services délégués

• **La délégation de service public** (DSP) est définie par la loi dite « Murcef » du 11 décembre 2001 (Murcef pour « portant mesures urgentes de réformes à caractère économique et financier »), comme **l'ensemble « des contrats par lesquels une personne morale de droit public confie la gestion d'un service public** dont elle a la responsabilité **à un délégataire public ou privé dont la rémunération est substantiellement liée au résultat d'exploitation du service »**.

• Le contrat de délégation de service public (CGCT, art. L. 1411-1 et suivants) se distingue du simple contrat d'exploitation par son mode de rémunération, lié aux résultats de l'exploitation du service. C'est le cas des services qui fournissent l'eau (leur rémunération dépend du nombre de litres consommés par les habitants) et des transports publics (du nombre de billets vendus).
Il se distingue aussi des contrats de marchés publics, qui sont « des contrats conclus à titre onéreux entre les pouvoirs adjudicateurs et des opérateurs économiques publics ou privés pour répondre à leurs besoins en matière de travaux, de fournitures ou de service » (code des marchés publics, art. 1).

• Les cinq critères d'identification de la DSP :
– le contrat de délégation, il est conclu entre l'autorité délégante et le délégataire, il a pour objet l'exécution d'un service public, et le délégant est une personne publique ;
– le délégant, il est une personne morale de droit public, l'État, une collectivité territoriale ou un établissement public (CGCT, art. L. 1411-1) ;
– le délégataire, personne physique ou morale de droit privé (y compris les associations), personne morale de droit public, exception faite des entreprises publiques en situation de monopole de droit (CGCT, art. L. 1411-12) ;
– l'exploitation d'un service public ;
– le mode de rémunération.

• Le délégataire peut aussi être une société d'économie mixte (SEM), qui peut « exploiter des services publics à caractère industriel ou commercial (SPIC), ou pour toute activité d'intérêt général » : on pense bien sûr aux activités d'assainissement des eaux, de gestion des déchets, de pompes funèbres, mais il peut aussi s'agir d'une pépinière de jeunes entreprises innovantes ou d'un centre de congrès.

3. Les services concédés

La concession de services publics est une des formes que peut prendre la délégation de service public, depuis la loi du 6 février 1992 relative à l'administration territoriale de la République. Le concessionnaire prend à sa charge les frais d'exploitation et d'entretien, mais il assume aussi la responsabilité des investissements. En contrepartie, la collectivité doit accepter une durée de concession plus longue que l'affermage (de quinze à vingt ans maximum). Les communes et les EPCI y recourent souvent pour la gestion des services de fourniture d'eau potable et de traitements des eaux usées. Le concessionnaire se rémunère directement auprès de l'usager par une redevance fixée dans le contrat de concession, révisable selon un indice Insee.

FICHE 49 LA DÉMOCRATIE DE PROXIMITÉ

• La démocratie ne fonctionne que si le peuple joue son rôle, en s'impliquant au quotidien dans la vie de l'État et des collectivités.
Les élus ne sont pas les dirigeants de la société, ils ne sont que les représentants du peuple, mais voter pour les élire ne suffit pas : les citoyens doivent participer à la gestion des services publics locaux. Information, concertation, participation : ainsi pourrait-on résumer la démocratie de proximité.

• Afin de favoriser leur implication, la loi n° 2002-276 du 27 février 2002 a introduit, dans le code général des collectivités territoriales, différentes dispositions, pour améliorer la démocratie locale dans les communes de plus de 3 500 habitants : « les communes, les départements et les régions constituent le cadre institutionnel de la participation des citoyens à la vie locale et garantissent l'expression de sa diversité » (CGCT, art. L. 1111-2).

1. Le droit du citoyen à l'information

• **L'action administrative et politique doit être transparente** : toute personne a donc le droit d'obtenir communication des documents détenus par une administration, par une collectivité territoriale ou par un organisme privé chargé d'une mission de service public, quels que soient leur forme ou leur support.

• **Le principe est le libre accès à l'information**, le secret est l'exception : c'est la règle définie par la loi du 17 juillet 1978 concernant l'amélioration des relations entre l'administration et le public et créant la Commission d'accès aux documents administratifs (Cada). L'article L. 2121-26 du CGCT précise d'ailleurs que « toute personne physique ou morale a le droit de demander communication des procès-verbaux du conseil municipal, des budgets et des comptes de la commune et des arrêtés municipaux ».

REMARQUE DU FORMATEUR :
Ne pas oublier que les séances du conseil municipal, du conseil départemental et du conseil régional sont publiques !

2. La concertation avec les citoyens dans le domaine de l'urbanisme

• Le code de l'urbanisme prévoit que le conseil municipal délibère sur les objectifs poursuivis et sur les modalités d'une concertation associant, pen-

dant la durée de l'élaboration du projet, les habitants, les associations locales avant :
– toute modification ou révision du plan local d'urbanisme ;
– toute création, à son initiative, d'une zone d'aménagement concerté.

• La Commission nationale du débat public (CNDP) est une autorité administrative indépendante qui a pour mission de veiller à la participation et à l'information du public, lorsque sont en cours des projets d'aménagement ou d'équipement ayant un fort impact sur l'environnement.

3. La participation des citoyens

La loi relative à la démocratie de proximité, promulguée le 27 février 2002, prévoit :

• La **création de conseils de quartiers** dans les communes d'au moins 20 000 habitants, obligatoire dans les communes de plus de 80 000 habitants : les conseils de quartiers, créés par délibération du conseil municipal, rassemblent des élus municipaux, des personnalités représentatives et des associations d'habitants. Ils jouent auprès du maire et de ses adjoints un rôle consultatif, surtout dans le domaine de l'aménagement du territoire et de la politique de la ville. Les conseils émettent des propositions et sont associés aux décisions.

• L'**évaluation des services publics** : le conseil municipal, dans les communes d'au moins 50 000 habitants, peut, si un sixième au moins de ses membres le demande, créer par délibération une mission d'information et d'évaluation chargée de recueillir des éléments d'information sur une question d'intérêt communal, ou de procéder à l'évaluation d'un service public communal.

• La **démocratisation des mandats locaux** : les droits des élus locaux ont été renforcés, les conditions d'exercice de leur mandat améliorées, par exemple en facilitant l'articulation entre mandat électif et activité professionnelle des élus (formation, crédit d'heures, protection, etc.). Cette mesure a pour objectif de favoriser les candidatures des citoyens aux mandats électifs locaux.

4. La démocratie directe dans la vie publique locale

La révision constitutionnelle du 28 mars 2003 relative à l'organisation décentralisée de la République a apporté d'autres innovations.

• La **création d'un référendum local décisionnel** (article 72-1 de la Constitution) : organisé à l'initiative des élus locaux, il permet d'associer les citoyens aux décisions communales, départementales ou régionales (auparavant, n'existait qu'un référendum consultatif et communal).

• La **reconnaissance d'un droit de pétition des citoyens**, qui peuvent demander (mais pas forcément obtenir) l'inscription à l'ordre du jour d'une assemblée locale (communale, départementale ou régionale) d'une question relevant de sa compétence.
« La loi fixe les conditions dans lesquelles les électeurs de chaque collectivité territoriale peuvent, par l'exercice du droit de pétition, demander l'inscription à l'ordre du jour de l'assemblée délibérante de cette collectivité d'une question relevant de sa compétence. Dans les conditions prévues par la loi organique, les projets de délibération ou d'acte relevant de la compétence d'une collectivité territoriale peuvent, à son initiative, être soumis, par la voie du référendum, à la décision des électeurs de cette collectivité » (Constitution, art. 72-1).

• La **possibilité d'organiser des consultations locales** en cas de création ou de modification de l'organisation d'une collectivité locale, en cas de modification des limites d'une collectivité territoriale (fusion de deux régions, de deux communes), ces consultations n'ont que la valeur d'un simple avis.

• L'**organisation obligatoire d'une consultation des électeurs concernés en cas de changement de régime juridique de tout ou partie des collectivités d'outre-mer** (article 72-4 de la Constitution).

Remarque du formateur :
Les consultations prévues par l'article 72-4 de la Constitution n'ont que la valeur d'un simple avis, mais le résultat de celles qui ont été organisées jusqu'à présent a été respecté : référendum du 6 juillet 2003 en Corse et référendums du 7 décembre 2003 en Guadeloupe et en Martinique.

FICHE 50 TEST : QCM

Attention : pour certaines questions, plusieurs réponses sont attendues.

1 Le contrat de délégation de service public (DSP) :

❍ a. est un contrat d'exploitation
❍ b. est un contrat de marché public conclu de marchés publics à titre onéreux entre un pouvoir adjudicateur et un opérateur économique
❍ c. a pour objet l'exécution d'un service public
❍ d. permet au concessionnaire de se rémunérer directement auprès de l'usager par une redevance fixée dans le contrat de concession

2 Un service public :

❍ a. est forcément gratuit
❍ b. est financé exclusivement par la collectivité
❍ c. est une activité d'intérêt général, accessible à tous
❍ d. peut être rentabilisé par la vente ou la location d'un service annexe

3 Pour être élu maire, il faut :

❍ a. être âgé d'au moins 21 ans
❍ b. être majeur
❍ c. avoir la nationalité française
❍ d. être ressortissant d'un des 28 pays membres de l'Union européenne

4 Les actes de la commune qui doivent être transmis au préfet sont :

❍ a. tous les actes
❍ b. les discours du maire
❍ c. les délibérations du conseil municipal
❍ d. les actes à caractère réglementaire
❍ e. les actes de l'état civil

5 Dans le cadre du contrôle de l'État sur les actes des collectivités territoriales, le juge administratif :

❍ a. peut, comme le préfet, annuler un acte illégal
❍ b. est la seule autorité compétente pour annuler un acte illégal
❍ c. peut être saisi par un administré qui souhaite obtenir l'annulation d'un acte
❍ d. doit demander l'avis du ministre de l'Intérieur avant d'annuler un acte illégal

6 Les fonctionnaires qui travaillent pour un conseil régional appartiennent essentiellement à :

❍ a. la même fonction publique que les fonctionnaires de l'État

❍ b. la même fonction publique que les fonctionnaires d'une commune ou d'un département

❍ c. la fonction publique régionale

7 Un fonctionnaire peut être placé dans différentes positions administratives :

❍ a. en activité (la position du fonctionnaire qui exerce les fonctions de l'un des emplois correspondant à son grade)

❍ b. la suspension temporaire d'activité (congés annuels, arrêt de travail)

❍ c. la mise à disposition (la situation d'un agent qui demeure dans son corps d'origine, continue à percevoir son traitement mais travaille dans une autre administration)

❍ d. hors cadres (la situation d'un agent qui remplit les conditions pour être détaché sans l'être forcément)

8 Cet organisme paritaire, composé de représentants des élus et de représentants du personnel, est notamment consulté en matière de notation et de promotion interne. C'est :

❍ a. le comité d'hygiène et de sécurité (CHS)

❍ b. le comité technique paritaire (CTP)

❍ c. le Conseil supérieur de la fonction publique territoriale (CSFPT)

❍ d. le Centre national de la fonction publique territoriale (CNFPT)

❍ e. la commission administrative paritaire (CAP)

9 Le droit de pétition créé par la loi du 28 mars 2003 :

❍ a. permet à tout citoyen de transmettre par écrit ses revendications au maire

❍ b. permet aux électeurs de demander l'inscription à l'ordre du jour de l'assemblée délibérante d'une collectivité territoriale d'une question relevant de sa compétence

❍ c. permet à des habitants d'une commune ou d'un département de s'opposer à une décision qu'ils estiment inappropriée

10 L'organe exécutif d'un établissement public de coopération intercommunale est :

❍ a. l'assemblée délibérante

❍ b. les délégués de la commune

❍ c. le président

❍ d. les conseillers municipaux

⑪ Les métropoles ont été créées :

❍ a. en 2010 à la suite de l'adoption de la réforme des collectivités territoriales

❍ b. en 2015 à la suite de l'adoption de la loi MAPTAM

❍ c. en 2015 à la suite de l'adoption loi NOTRe

❍ d. en 2014 à la suite de l'adoption loi ALUR

⑫ Les communautés d'agglomération associent :

❍ a. plusieurs communes pour constituer une agglomération d'au moins 20 000 habitants

❍ b. plusieurs communes urbaines pour constituer une agglomération d'au moins 50 000 habitants autour d'une ou plusieurs communes de plus de 15 000 habitants

❍ c. plusieurs communes pour constituer un ensemble de plus de 250 000 habitants

❍ d. plusieurs syndicats (SIVU, SIVOM, mixte) pour constituer un seul EPCI

⑬ L'ancienne Région Limousin a fusionné avec l'ancienne Région :

❍ a. Rhône-Alpes

❍ b. Aquitaine

❍ c. Auvergne

❍ d. Poitou-Charentes

⑭ La protection maternelle et infantile (PMI) :

❍ a. dépend du ministère de la Santé

❍ b. dépend du département

❍ c. est un établissement public à vocation médico-sociale

❍ d. dépend de la commune

⑮ La commune :

❍ a. finance une partie du RSA

❍ b. intervient dans la définition de la carte scolaire

❍ c. gère l'aide sociale à l'enfance

❍ d. finance la couverture maladie universelle

⑯ Le conseil municipal :

❍ a. adopte des délibérations

❍ b. prend des arrêtés

❍ c. vote le budget du canton

❍ d. fixe l'ordre du jour de ses réunions

17 Les taux des impôts locaux :

❍ **a.** sont fixés par l'État

❍ **b.** sont librement fixés par les collectivités territoriales depuis la décentralisation

❍ **c.** peuvent être fixés par les collectivités territoriales dans les limites déterminées par la loi

18 Le contrôle de la régularité des comptes des collectivités territoriales est effectué par :

❍ **a.** le ministre de l'Intérieur, de l'Outre-mer et des Collectivités territoriales

❍ **b.** l'ordonnateur public

❍ **c.** la chambre régionale des comptes

❍ **d.** la Banque de France

19 Le budget d'une collectivité territoriale est adopté par :

❍ **a.** l'organe exécutif de la collectivité

❍ **b.** l'assemblée délibérante de la collectivité

❍ **c.** le Bureau de la collectivité

❍ **d.** la commission des finances de la collectivité

20 Les professeurs des écoles publiques :

❍ **a.** sont des fonctionnaires de l'État

❍ **b.** sont des fonctionnaires territoriaux

❍ **c.** sont recrutés par le maire

❍ **d.** sont recrutés par le maire avec l'aval du préfet

21 L'obligation de discrétion professionnelle :

❍ **a.** ne s'impose pas aux agents non titulaires

❍ **b.** s'impose à tous les agents des trois fonctions publiques

❍ **c.** ne s'impose qu'aux fonctionnaires assermentés

22 La liberté d'opinion :

❍ **a.** permet à un fonctionnaire d'adhérer au parti politique de son choix

❍ **b.** permet de s'opposer au principe de laïcité selon ses convictions religieuses personnelles

❍ **c.** s'exerce dans le respect de l'obligation de neutralité

❍ **d.** se substitue au devoir de réserve

23 Les droits et obligations des fonctionnaires sont énumérés dans :

❍ **a.** la Constitution de 1958

❍ **b.** la loi du 13 août 2004 relative aux libertés et responsabilités locales

❍ c. le décret du 13 juillet 1982 portant droits et obligations des fonctionnaires
❍ d. la loi du 13 juillet 1983 portant droits et obligations des fonctionnaires

24 Sont des autorités déconcentrées :
❍ a. le Premier ministre
❍ b. le préfet
❍ c. le recteur d'académie
❍ d. le maire

25 La coopération intercommunale est mise en œuvre par :
❍ a. des groupements d'intérêt public (GIP)
❍ b. des établissements publics (EP)
❍ c. des contrats de partenariat institutionnel (CPI)
❍ d. des délégations de service public (DSP)

26 Les autorités qui exercent le contrôle de légalité des actes administratifs des collectivités territoriales sont, dans l'ordre chronologique :
❍ a. le juge administratif, puis le préfet (systématiquement)
❍ b. le préfet, puis le juge administratif (le cas échéant)
❍ c. le préfet, puis le juge administratif, puis le ministre de l'Intérieur
❍ d. le Conseil supérieur de la fonction publique territoriale, puis le préfet

Corrigé

1. c ; 2. c ; 3. b et d ; 4. c et d ; 5. b et c ; 6. b ; 7. a, c et d ; 8. b ; 9. b ; 10. b ; 11. b ; 12. b ; 13. a et d ; 14. b ; 15. b ; 16. a ; 17. c ; 18. c ; 19. b ; 20. a ; 21. b ; 22. a et c ; 23. d ; 24. b, c et d (le maire, dans son rôle d'agent de l'État) ; 25. b ; 26. b ; .

Réalisation : So'Graph
Achevé d'imprimer en mars 2016 sur les presses de la SEPEC (France)
N° d'impression : 09463160206 - N° d'éditeur : 2016_0313 - Dépôt légal : mars 2016